话偏有旁说

刘克升 著

人体卷

人民东方出版传媒
People's Oriental Publishing & Media
东方出版社
The Oriental Press

图书在版编目（CIP）数据

偏旁有话说 . 人体卷 / 刘克升著 . —北京：东方出版社，2024.10
ISBN 978-7-5207-3610-7

I.①偏 ... II.①刘 ... III.①偏旁—儿童读物 IV.① H122-49

中国国家版本馆CIP数据核字（2023）第163364号

偏旁有话说：人体卷
（PIANPANG YOUHUASHUO: RENTI JUAN）

作　　者：	刘克升
策　　划：	王莉莉
责任编辑：	赵　琳　张　伟
产品经理：	赵　琳
出　　版：	东方出版社
发　　行：	人民东方出版传媒有限公司
地　　址：	北京市东城区朝阳门内大街166号
邮　　编：	100010
印　　刷：	北京联兴盛业印刷股份有限公司
版　　次：	2024年10月第1版
印　　次：	2024年10月第1次印刷
印　　数：	1—5000
开　　本：	660毫米×960毫米　1/16
印　　张：	13.5
字　　数：	125千字
书　　号：	ISBN 978-7-5207-3610-7
定　　价：	210.00元（全六册）
发行电话：	（010）85924663　85924644　85924641

版权所有，违者必究

如有印装质量问题，我社负责调换，请拨打电话：（010）85924602　85924603

序　走进神奇的偏旁世界！

亲爱的大朋友和小朋友们，很高兴我们在书中相会，纸上相识！

从最早的"结绳记事"，到传说中的"仓颉（jié）造字"；再从甲骨文、金文、小篆、隶书，到草书、楷书和行书……汉字从无到有，从繁到简，陪伴我们的祖先，一代一代走来。仅从商朝甲骨文算起，汉字距今已有近四千年的历史，对中华文明传承发展起到了无可替代的作用。

东汉时期的许慎先生，著有《说文解字》一书。他首次系统分析汉字字形和字源，对《周礼》和西汉《七略》中提到的汉字"六书"（象形、指事、会意、形声、转注和假借），进行了较为详细的阐（chǎn）释。自此，研究汉字本身也成为一种文化，后继者众多，学术成果频（pín）出。

偏旁是组成合体字的结构单位。除了独体字，所有的合体字都由偏旁组成。一个合体字的左右、上下和内外等各个组成部分，都可以视为偏旁。而且，每个偏旁在古时候几乎都是一个独立的汉字。偏旁和汉字相辅相成，密不可分。要想学习和研究汉字，认知偏旁是必经的一关。

摆在大家面前的这套图书，精选出227个常用偏旁，采取自叙手法和拟人手法，将它们的发展渊（yuān）源和丰富意蕴（yùn）娓娓（wěi）道来，相当于一部"偏旁自传"。短短几分钟的自我介绍，却是旁征博引，精彩展现造字、组词和成句等各种妙处。成语、典故、诗词佳句以及自然常识时而登场，引人深思顿悟，或者会心一笑。全书既充分借鉴（jiàn）前辈先贤经验，又慎重提出个人解读，期待能够帮助大家尽快掌握偏旁常识，培养良好的语文思维，夯（hāng）实语文学习根基。

需要特别说明的是：鉴于很多偏旁都有几种不同的名称，这套图书综合考虑命名原则和语言习俗等因素，选用了较为通行或者更加符合构形理据的名称，其他名称暂未收入和介绍。

汉字始于远古，偏旁组成汉字。汉字有故事，偏旁更有话说。读懂一个偏旁，你会获得无穷的乐趣。以偏旁为纲学习语文，会收到纲举目张、事半功倍的效果。让我们携手走进神奇的偏旁世界吧！

目 录

人字旁 ○ 001　　足字旁 ○ 053

单人旁 ○ 006　　匕字旁 ○ 059

大字旁 ○ 012　　女字旁 ○ 064

又字旁 ○ 018　　母字旁 ○ 070

名帖赏析 ○ 024　　老字旁 ○ 075

手字旁 ○ 025　　孝字头 ○ 080

提手旁 ○ 031　　名帖赏析 ○ 085

寸字旁 ○ 036　　长字旁 ○ 086

止字旁 ○ 041　　鬥字头 ○ 091

名帖赏析 ○ 047　　身字旁 ○ 098

疋字旁 ○ 048　　心字旁 ○ 103

竖心旁 ○ 109

名帖赏析 ○ 114

目字旁 ○ 115

首字旁 ○ 120

名帖赏析 ○ 125

页字旁 ○ 126

面字旁 ○ 132

名帖赏析 ○ 138

色字旁 ○ 139

耳字旁 ○ 144

自字旁 ○ 149

鼻字旁 ○ 154

口字旁 ○ 159

而字旁 ○ 165

名帖赏析 ○ 170

舌字旁 ○ 171

牙字旁 ○ 176

齿字旁 ○ 181

骨字旁 ○ 187

歹字旁 ○ 193

名帖赏析 ○ 198

尸字旁 ○ 199

尢字旁 ○ 204

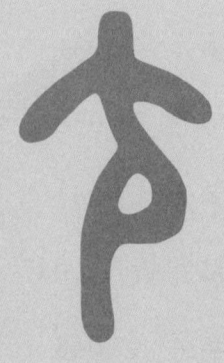

人字旁

我是人字旁。
我长这个样子：

打字的时候，
你打"rén"，
我就会现身。

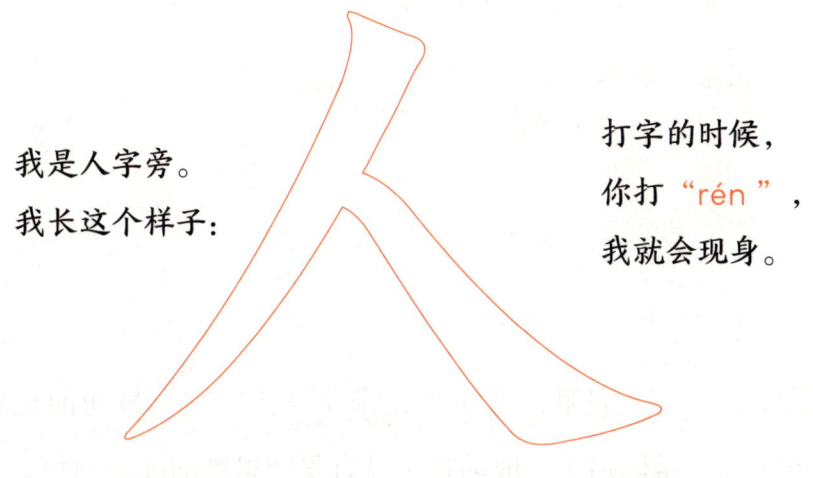

我的祖先很酷。它们长这个样子：

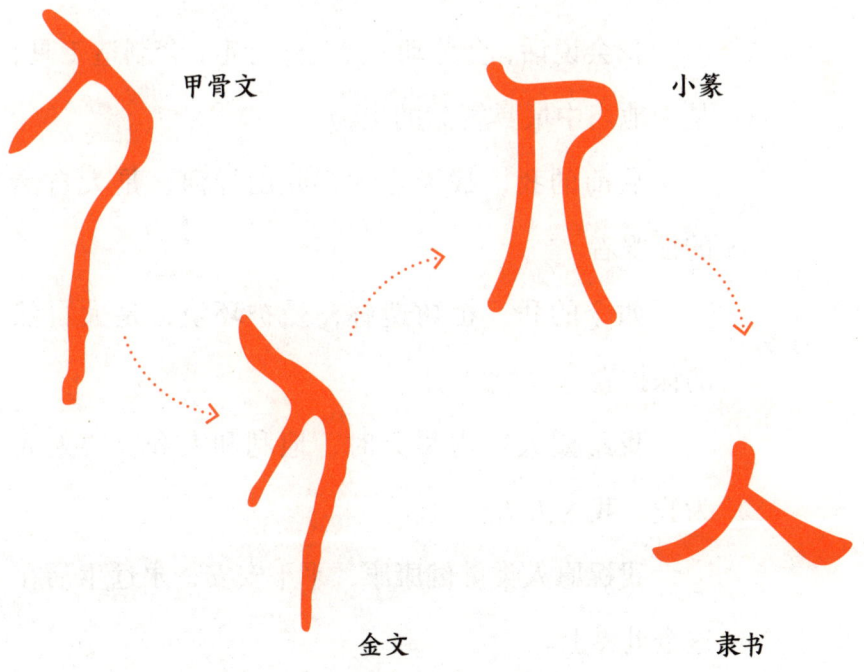

甲骨文　　小篆

金文　　隶书

你看我的甲骨文祖先,像不像垂臂侧立的人形?像不像一个人低头弯腰,面朝黄土背朝天辛勤劳作的模样?

后来,是不是慢慢演变成了一撇一捺?

我的故事

我呀,其实就是那个"人"字,最初的意思是区别于一般动物,具有复杂思维的高级动物。

"小时候四只脚,长大了两只脚,年老了三只脚。"这则谜语说的就是我。

我会说话,会劳动,会直立行走,会制造工具,是天地当中最具智慧的生物。

从前的我,战天斗地,开山导河,是大自然的征服者。

如今的我,植树造林,爱护环境,是大自然的保护者。

我希望大家占尽天时、地利和人和,"人人为我,我为人人"。

我祝愿人类健健康康,平平安安,永远生活在这个世界上。

"人闲桂花落,夜静春山空。"（出自唐·王维《鸟鸣涧》）

"生当作人杰，死亦为鬼雄。"（出自宋·李清照《夏日绝句》）

很多古诗词里都有我的身影。

我来造字

我们这个家族的汉字，主要和人有关。

我通常待在我朋友的头上，有时候也跑到其他位置。

因为我是以"人"字的身份做偏旁，所以大家都叫我"人字旁"。

小篆

个

隶书

我遇到一竖，
就变成了"个"字。

我的个子一年比一年高。我的朋友有很多个。我们个个都很棒。"个"是"個"的简化字。"個"原本是"箇"的异体字，后来变成了正体字，再后来又简化成了"个"。

小篆

企

隶书

遇到"止"字,
就变成了"企(qǐ)"字。

我踮(diǎn)起脚跟,翘(qiáo)首而望,心里的企盼开始发芽。

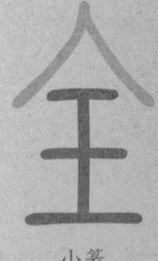

小篆

全

隶书

遇到"王"字,
就变成了"全"字。

我们全力以赴(fù),全心全意做好每一件事情。

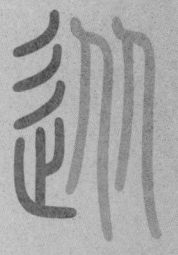

小篆

隶书

遇到我弟弟,
就变成了"从"字。

我们服从命令,听从指挥,跟从前行。
"从"是"従"的简化字。

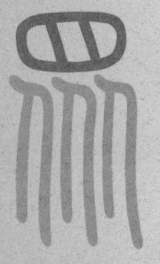

小篆

隶书

"从"字再遇到我妹妹,
就变成了"众"字。

我们玩叠罗汉。我们万众一心。
我们人多力量大。
"众"是"衆"的简化字。"衆"原本是"眾"的异体字,后来变成了正体字,再后来又简化成了"众"。

单人旁

我是单人旁。
我长这个样子：

打字的时候，
你打"rén"，
我就会现身。

我的祖先很酷。它们长这个样子：

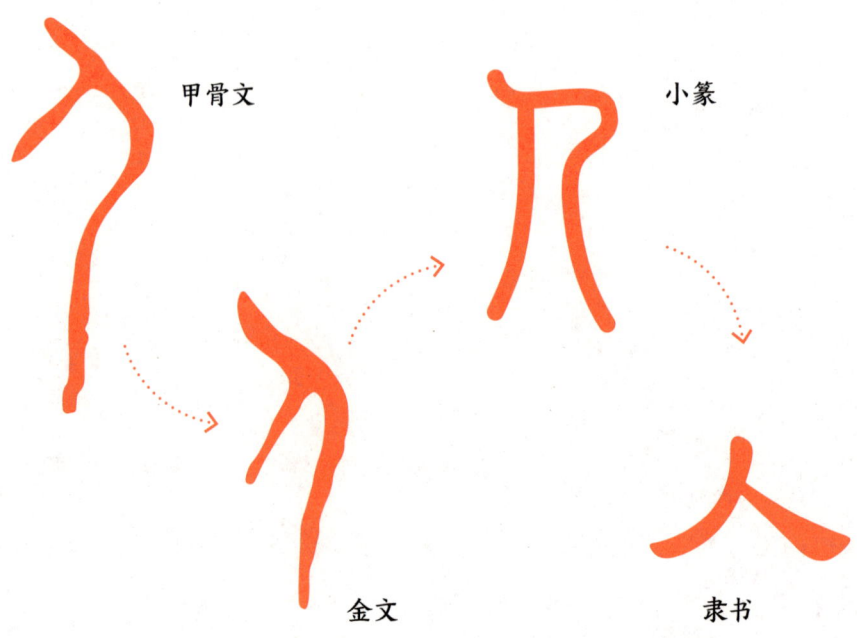

甲骨文　　小篆

金文　　隶书

你看我的甲骨文祖先，像不像垂臂侧立的人形？像不像一个人低头弯腰，面朝黄土背朝天辛勤劳作的模样？

后来，是不是慢慢演变成了一撇一捺？

到了我这一辈，是不是最终演变成了一撇一竖？

我的故事

我呀，其实就是那个"人"字，是它分化出来的写法，最初的意思是区别于一般动物，具有复杂思维的高级动物。

"你有他有，众人都有，我却没有。"这则谜语说的就是我。

我是万灵之长，思维复杂，情感丰富。

我既能集众人之力，成就大事，也能单人匹马，创造奇迹。

"人乘海上月，帆落湖中天。"（出自唐·李白《寻阳送弟昌峒鄱阳司马作》）

"愿得一心人，白首不相离。"（相传出自汉·卓文君《白头吟》）

这些古诗词里的"人"字，让我感到非常亲切，同时跟着沾染了一番诗意。

我来造字

我们这个家族的汉字，主要和人有关。
我总是待在我朋友的左边。
因为我看起来像一个人站在那里，所以大家都叫我"单人旁"或者"单立人"。

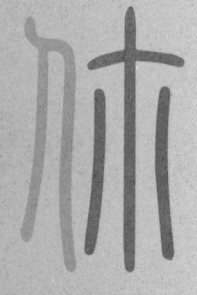

小篆

你

隶书

我遇到"尔"字，
就变成了"你"字。

"尔"字有人陪，你是我的好朋友。

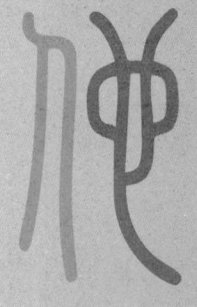

小篆

他

隶书

遇到"也"字，
就变成了"他"字。

他乡遇故知。

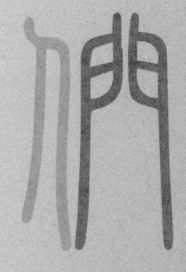

小篆

———

们

隶书

遇到"门"字,
就变成了"们"字。

我们、你们和他们。

小篆

———

仙

隶书

遇到"山"字,
就变成了"仙"字。

一人在山边,修炼成神仙。

010

小篆

——

僧

隶书

遇到"曾"字,
就变成了"僧(sēng)"字。

寺院里走出一位僧人。

小篆

——

依

隶书

遇到"衣"字,
就变成了"依"字。

白日依山尽,黄河入海流。

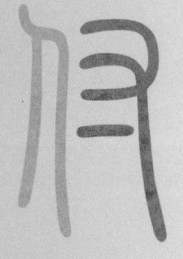

小篆

付

隶书

遇到"寸"字,
就变成了"付"字。

买了东西要付钱。

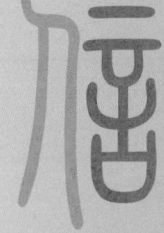

小篆

信

隶书

遇到"言"字,
就变成了"信"字。

风婆婆送来鸡毛信。

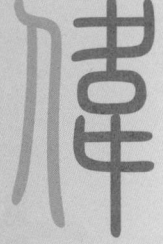

小篆

伟

隶书

遇到"韦"字,
就变成了"伟"字。

伟大也要有人懂。

大字旁

我是大字旁。
我长这个样子：

打字的时候，
你打"dà"，
我就会现身。

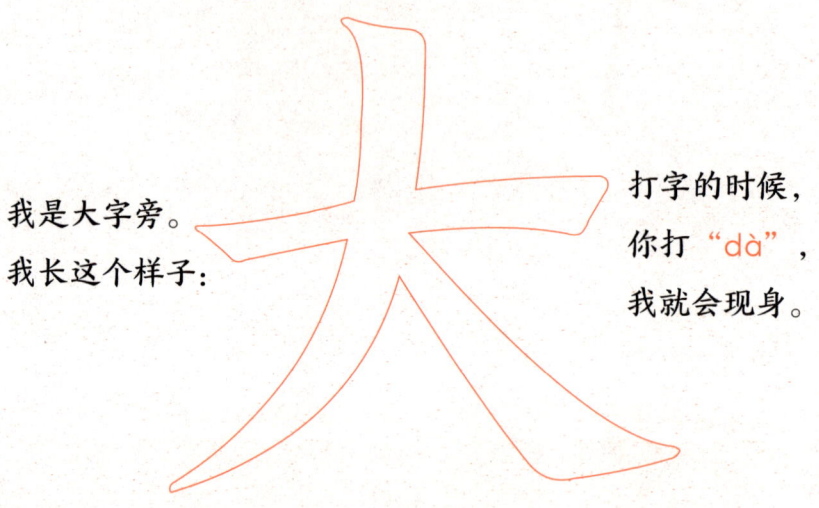

我的祖先很酷。它们长这个样子：

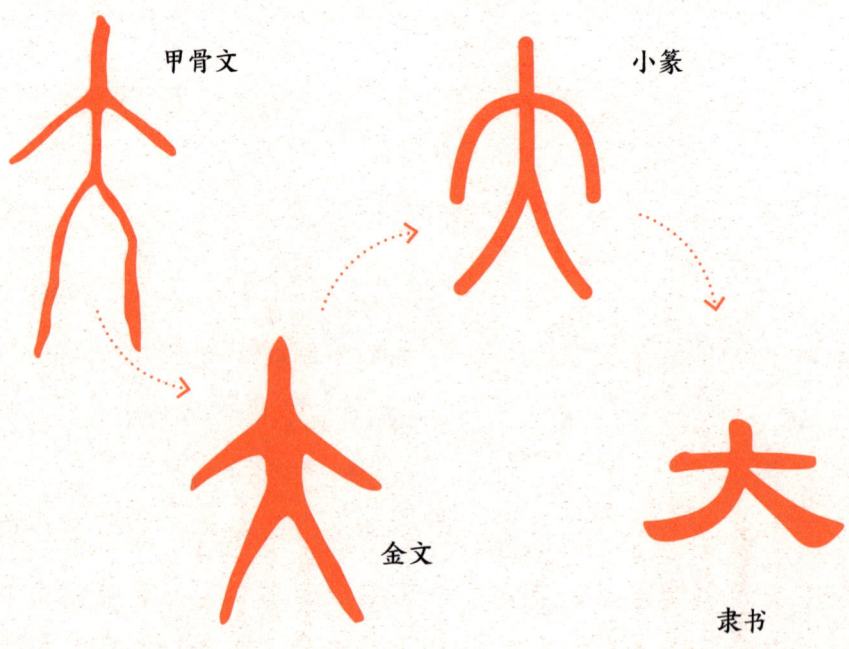

甲骨文

小篆

金文

隶书

你看我的甲骨文祖先，像不像叉开两腿，伸开双臂，顶天立地的成年人形状？

后来，是不是慢慢演变成了一横和一撇一捺？

我的故事

我呀，其实就是那个"大"字，最初的意思是大人。

古人认为，人是"万灵之长"，天大地大，人也大。这三者都能表示"大小"之"大"，都可以用来造字。他们考虑到天地的形象不好描画，于是选择了人的形象来造字，借以表示"大小"之"大"。

我与"小"字相对，通常用来表示面积广、数量多和程度深等意思。"地大物博""大批人马""大快人心"，就分别含有上述意思。

我还有一个读音为"dài"。读这个读音的时候，"大夫"是指医生，"山大王"是指古时候的山寨首领。

事物通常都有大小之分。我既然为大，自然希望大家的襟（jīn）怀要宽，格局要大。奇妙的大千世界，等着我们去探索。任何时候都不要夜郎自大，浅薄无知。

大有大的烦恼，小有小的骄傲。"树大招风""末大必折""尾大不掉"这些道理，也请牢记在心。

"大漠沙如雪，燕山月似钩。"[出自唐·李贺《马诗二十三首（其五）》]

"地肥桑眼大，天暖麦须齐。"[出自宋·刘攽（fú）《过柘（zhè）溪得西字》]

很多古诗词里都有我的身影。

我来造字

我们这个家族的汉字，主要和人有关，和程度以及气势有关。

我通常待在我朋友的头上，有时候也跑到其他位置。

因为我是以"大"字的身份做偏旁，所以大家都叫我"大字旁"。

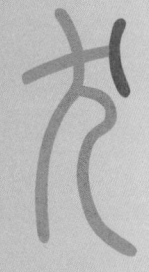

小篆

隶书

我遇到一点，顶到肩上，
就变成了"犬"字。

柳下犬迎客，花边鹤（hè）听经。

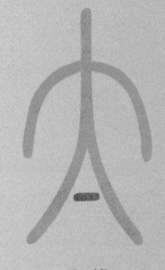

小篆

隶书

肩上那一点掉下来，
粘到我腿上，
就变成了"太"字。

天下太平，有惊无险。

小篆

天

隶书

遇到一横，顶在头上，
就变成了"天"字。

天上人间，天马行空。

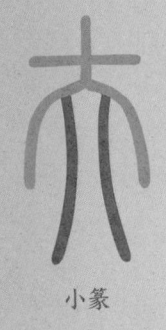

小篆

夫

隶书

再用力顶穿那一横,
就变成了"夫"字。

大(dà)夫为官,大(dài)夫治病,大(dà)丈夫顶天立地。

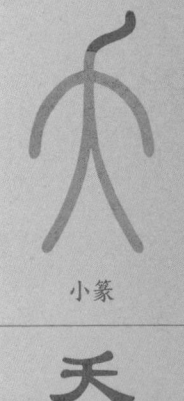

小篆

夭

隶书

遇到一撇,
就变成了"夭(yāo)"字。

夹着尾巴,逃之夭夭。

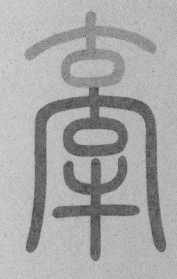

小篆

牵

隶书

遇到秃宝盖（冖）和"牛"字，就变成了"牵"字。

牵牛花无牛可牵，只好用长长的丝蔓（wàn）牵着喇叭形的花朵。牧童放牛，她"放花"！花儿爬上篱笆，牵引着我们的目光。"牵"是"牽"的简化字。

小篆

奋

隶书

遇到"田"字，就变成了"奋"字。

飞来双白鹤，奋翼远凌烟。"奋"是"奮"的简化字。

又字旁

我是又字旁。
我长这个样子：

打字的时候，
你打"yòu"，
我就会现身。

我的祖先很酷。它们长这个样子：

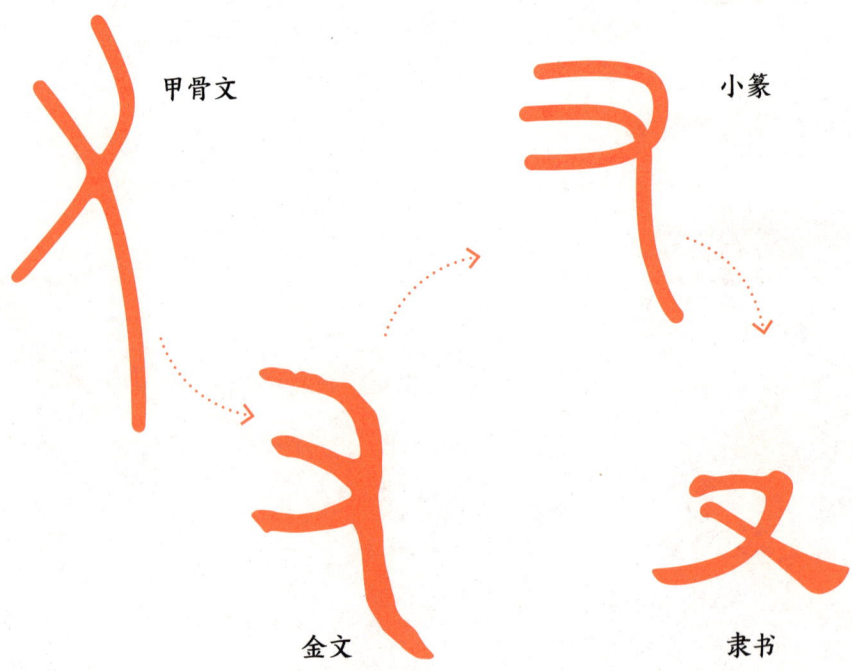

甲骨文　　小篆　　金文　　隶书

你看我的甲骨文祖先,像不像连有下臂的右手?上面那三个分叉,是不是以三表多,代表五指?

后来,是不是慢慢演变成了一个横撇和一捺?

我的故事

我呀,其实就是那个"又"字,最初的意思是右手。

作为右手,我所在的方位为右方,可以以手持物,可以助人做事,因而又分化出右方、持有和帮助这三层意思。

"手不足,以口助之。""手中有肉为持有。"后来,人们在我身上增加一个"口"字,另造一个"右"字,代替我来表达右方和帮助这两层意思;增加一个肉月旁(月,即"肉"字),另造一个"有"字,代替我来表达持有这层意思。

当"右"字成为专用方位名词,主要用来表达右方这层意思时,人们又另外造出"佑(yòu)"和"祐(yòu)"两个汉字,代替它来表达帮助这层意思。古时候,人助为"佑",神助为"祐"。现在的人助之"佑助"和神助之"保佑","佑"

字的左偏旁都统一规范成了单人旁。

随着汉字的分化，我渐渐变成了专用副词，用来表示重复、并列和转折等关系，或者表示语气的加重。"想了又想"和"又高又大"，就都含有这层意思。"想说又不敢说"和"又不是不会"，也都含有这层意思。

我还作为一种替代符号，在汉字简化时用来替代一些笔画烦琐（suǒ）的偏旁。"難（难）""戲（戏）""觀（观）""變（变）"等汉字的简化，都有我的功劳。

大家都知道"一计不成，又生一计"的意思。提到"又生一秦"，可能会有点蒙圈。

这其实是出自《史记》里的一个词语。

陈胜起义称王不久，属下将领武臣攻入邯（hán）郸（dān），也自立为赵王。陈胜打算杀掉武臣等人的家人，发兵攻赵。相国房君献计说："秦未亡而诛武臣等家，此又生一秦也。不如因而贺之，使急引兵西击秦。"

后来，人们常用"又生一秦"来比喻又增加一个强敌或者仇敌。

"春风又绿江南岸，明月何时照我还？"（出自宋·王安石《泊船瓜洲》）

"枝上柳绵吹又少，天涯（yá）何处无芳草？"（出自宋·苏轼《蝶恋花·春景》）

很多古诗词里都有我的身影。

我来造字

我们这个家族的汉字，主要和手有关。

我通常待在我朋友的左边，有时候也跑到其他位置。

因为我是以"又"字的身份做偏旁，所以大家都叫我"又字旁"。

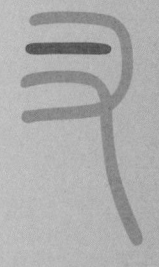

小篆

叉

隶书

我遇到一点，
就变成了"叉"字。

拿着渔叉去叉鱼。

小篆

友

隶书

遇到一横一撇，
就变成了"友"字。

友好往来。

小篆

支

隶书

遇到"十"字,
就变成了"支"字。

体力不支,丢了一支笔。

小篆

双

隶书

遇到我弟弟,
就变成了"双"字。

树上的鸟儿成双对。
"双"是"雙"的简化字。

小篆

取

隶书

遇到"耳"字,
就变成了"取"字。

火中取栗。

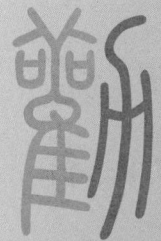

小篆

劝

隶书

遇到"力"字,
就变成了"劝"字。

举杯劝酒,不如断织劝学。
"劝"是"勸"的简化字。

小篆

圣

隶书

遇到"土"字,
就变成了"圣"字。

圣人又坐土堆上。
"圣"是"聖"的简化字。

选自赵孟頫书《兰亭十三跋》

蘭亭帖自定武石刻既亡人間者有數有日減無日增故博古之士以為至寶然極難得其本尤難得此蓋已損五字者又未損五字者又未損其本尤難得此蓋已損者獨孤長老送余北行攜以自隨至南潯北出以見示

名帖赏析

元朝至大三年（1310年），五十七岁的赵孟頫（fǔ）奉诏自吴兴（今浙江湖州）前往大都（今北京）。船至南浔，得僧人独孤长老所赠《宋拓（tà）定武兰亭序》，于三十四天旅途中日日研读，写下十三段题跋（bá），世人称之为《兰亭十三跋》。这些题跋既是书法艺术的珍品，同时也提出了精彩的书法理论，对后世影响至深。

手字旁

我是手字旁。
我长这个样子：

打字的时候，
你打"shǒu"，
我就会现身。

我的祖先很酷。它们长这个样子：

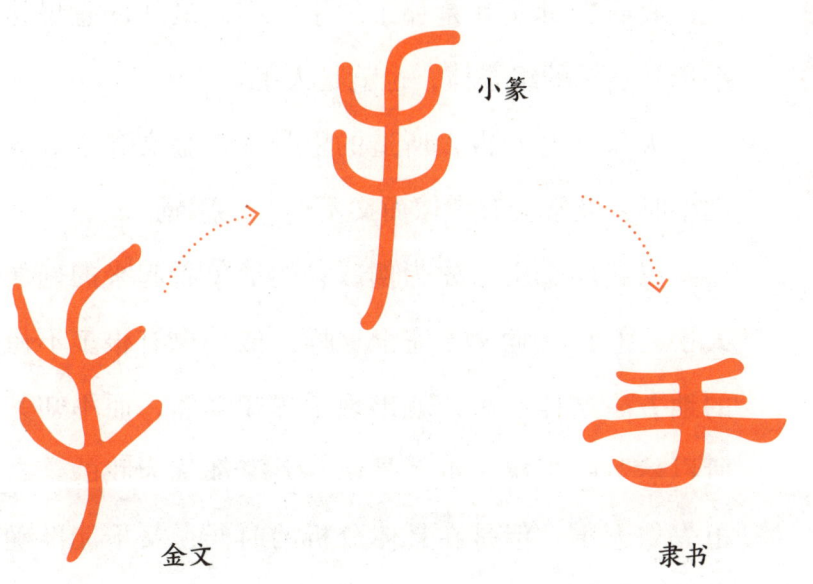

小篆

金文

隶书

你看我的金文祖先，像不像伸开了五指的手？中间那条竖立的曲线，是不是可以分成三段？上边那一段是不是代表中指？中间那一段是不是代表手掌？下边那一段是不是代表手腕（wàn）？这条竖立的曲线身上，是不是还有上下两条弧线？上边那条弧线，是不是由无名指、食指和手掌顶端相连而成？下边那条弧线，是不是由小拇指、大拇指和手掌底部相连而成？

后来，是不是慢慢演变成了一撇两横和一个竖钩？

我的故事

我呀，其实就是那个"手"字，最初的意思是手指和手掌的组合体，也就是人手。

大家平时看古人所造的甲骨文、金文和小篆等文字时，经常会有"像而又不像"的感觉。

以我的金文祖先为例，它的形象看起来的确像人手，但是感觉又不完全这样，似乎也有很多不像的地方。这样一来，就出现了"知其然，而不知其所以然"的现象。也就是说，大家都认为我的金文祖先像人手，但是在具体分析的时候，又不能准确地解释它的一笔一画是怎么组成人手这个形象的。

我觉得呀，古人既然这样造字，自有其道理。

人的手由手指和手掌构成。手指有五个，手掌连着手腕。造字的时候，如果将五个手指、手掌和手腕完全按照原样画出来，会很烦琐（suǒ）。古人干脆采取省写方式，画出一条竖立的曲线，用来代表中指、手掌和手腕。然后再画出一上一下两条弧线，用来代表其余四个手指和手掌上下两端。

您看这样解释，是不是就解释通了？"像而又不像"的感觉，是不是消失了？

我很高兴能和大家在书中相识，共同探讨我们这些汉字的来龙去脉。只要我们开动脑筋，认真思考，定能与古人神意相通，摸清他们造字时的思路，从而驶向远古智慧和远古文明的源头。

从古人造字的本义来看，我和"又"字都和人手有关。我偏重于静态，包括左手和右手。"又"字则偏重于动态，除了指右手，还含有用手抓持的意思。

我和"毛"字是好朋友。我们的小篆祖先长得很像，都是一线穿两弧。我的小篆祖先，中间那条曲线朝右歪了一下头。"毛"字的小篆祖先（ ），中间那条曲线则朝左歪了一下头。

后来，我和"毛"字都演变成了一撇两横和一钩。我的钩是竖钩，弯向左方。它的钩则是竖弯钩，弯向右方。

我伸开五指就是手掌，蜷（quán）起五指就是拳头。

人的抓握、拿捏和摔打等动作，都由我来完成。

我讨厌挥拳揍人之类的野蛮（mán）动作。打到对方身上，我疼他也疼。疼我们的人也疼。

"危楼高百尺，手可摘星辰。"（出自唐·李白《夜宿山寺》）

"挥手自兹（zī）去，萧萧（xiāo）班马鸣。"（出自唐·李白《送友人》）

很多古诗词里都有我的身影。

我来造字

我们这个家族的汉字，主要和手有关。

因为我是以"手"字的身份做偏旁，所以大家都叫我"手字旁"。

小篆

掰

隶书

我遇到我弟弟和"分"字，就变成了"掰（bāi）"字。

一掰两半。

小篆

毳
隶书

遇到我弟弟和我妹妹，
就变成了"毳（pá）"字。

三只手（毳）乔装打扮成扒（pá）手。

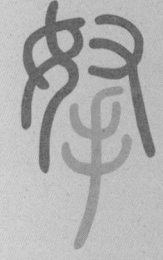

小篆

隶书

遇到"合"字，
就变成了"拿"字。

连吃带拿。
"拿"原本是"拏"的异体字，
现在以"拿"为正体字。

小篆

攀
隶书

遇到"樊（fán）"字，
就变成了"攀"字。

世上无难事，只要肯登攀。

小篆

拜

隶书

遇到四横一竖,
就变成了"拜"字。

中秋拜月,祭拜月神。

小篆

看

隶书

遇到"目"字,
就变成了"看"字。

看(kān)家护院,看(kàn)故事书。

031

提手旁

我是提手旁。
我长这个样子：

扌

打字的时候，
你打"shǒu"，
我就会现身。

我的祖先很酷。它们长这个样子：

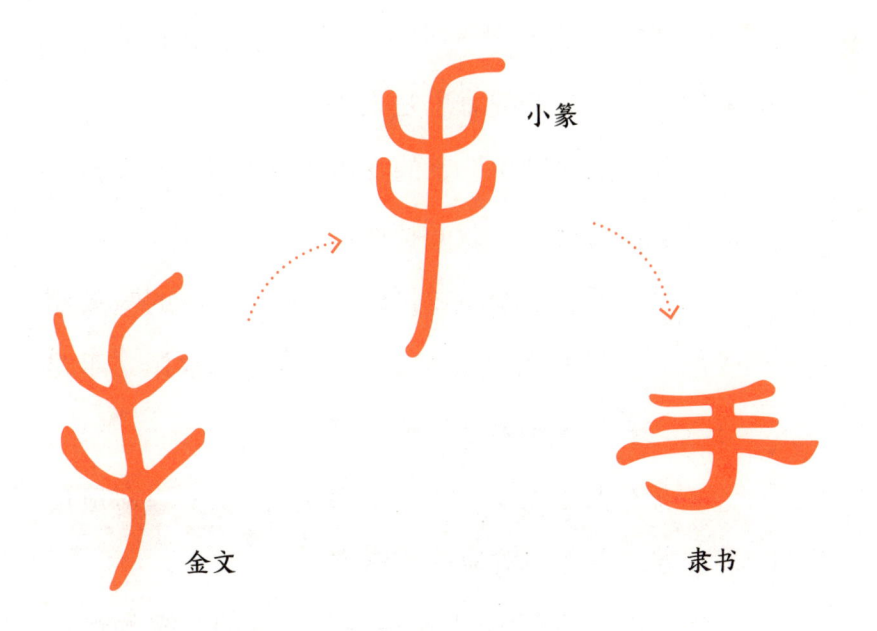

小篆

金文

隶书

你看我的金文祖先,像不像伸开了五指的手?中间那条竖立的曲线,是不是可以分成三段?上边那一段是不是代表中指?中间那一段是不是代表手掌?下边那一段是不是代表手腕(wàn)?这条竖立的曲线身上,是不是还有上下两条弧线?上边那条弧线,是不是由无名指、食指和手掌顶端相连而成?下边那条弧线,是不是由小拇指、大拇指和手掌底部相连而成?

后来,是不是慢慢演变成了一撇两横和一个竖钩?

到了我这一辈,是不是最终演变成了一横、一个竖钩和一提?

我的故事

我呀,其实就是那个"手"字,是它分化出来的写法,最初的意思是人手。

我既然是"手"字的变体,自然也属于手族,很了解自己这个家族的特性。

手和足同为人体的分支,都是人体的重要组成部分。兄和弟也是一母所生。人们常用"手足情深"来形容兄弟之间感情深厚。

左右两手互为对称(chèn)。左手边对应的是左方,右手边对应的是右方。

"有一手"和"露一手",有的、露的都是

技能和本领。

"手机"和"手册",都是形体小巧,可以一手在握的物件。

"醉眠秋共被,携(xié)手日同行。"(出自唐·杜甫《与李十二白同寻范十隐居》)

"掬(jū)水月在手,弄花香满衣。"(出自唐·于良史《春山夜月》)

这些古诗词里的"手"字,让我感到非常亲切,同时跟着沾染了一番诗意。

我来造字

我们这个家族的汉字,主要和手的动作有关。

我总是待在我朋友的左边。

因为我等同于"手"字,实际上是以"手"字的身份做偏旁,再加上我的第三笔斜提而上,是笔画提,所以大家都叫我"提手旁"。

小篆

扛

隶书

我遇到"工"字,
就变成了"扛"字。

项羽力能扛(gāng)鼎。
爸爸能扛(káng)事。
我能扛(káng)枪。

小篆

扑

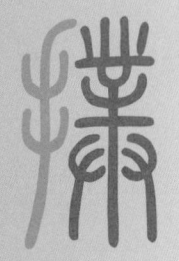

隶书

遇到"卜"字,
就变成了"扑"字。

消防员扑火。
老虎扑食。
我们扑蝴蝶。
"扑"是"撲"的简化字。

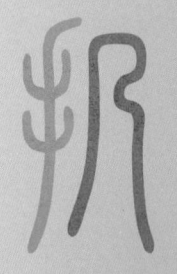

小篆

扔

隶书

遇到"乃"字,
就变成了"扔"字。

士兵扔手榴弹。
建筑工人扔砖。
我们扔铅球。

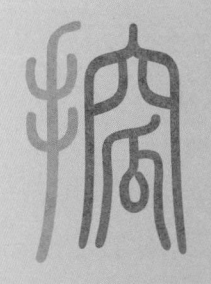

小篆

挖
隶书

遇到"穴"字和"瓜"字，
就变成了"挖（wǎ）"字。

用瓢挖米。
用碗挖面。
用勺子挖糖。

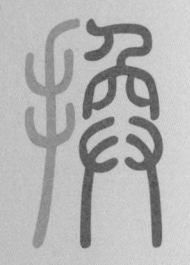

小篆

换
隶书

遇到"奂（huàn）"字，
就变成了"换"字。

为有牺牲多壮志，
敢教日月换新天。

寸字旁

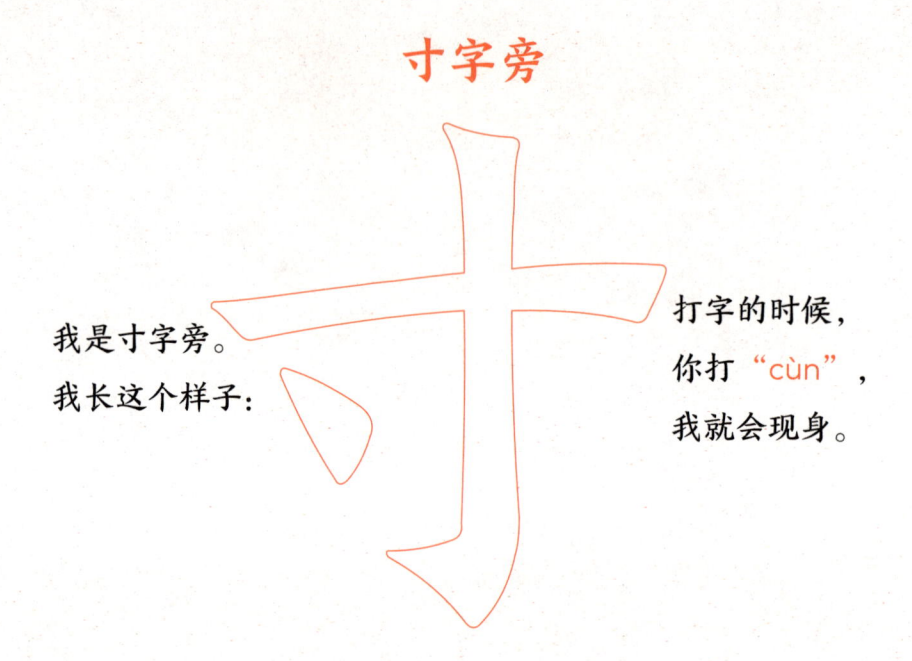

我是寸字旁。
我长这个样子:

打字的时候,
你打"cùn",
我就会现身。

我的祖先很酷。它们长这个样子:

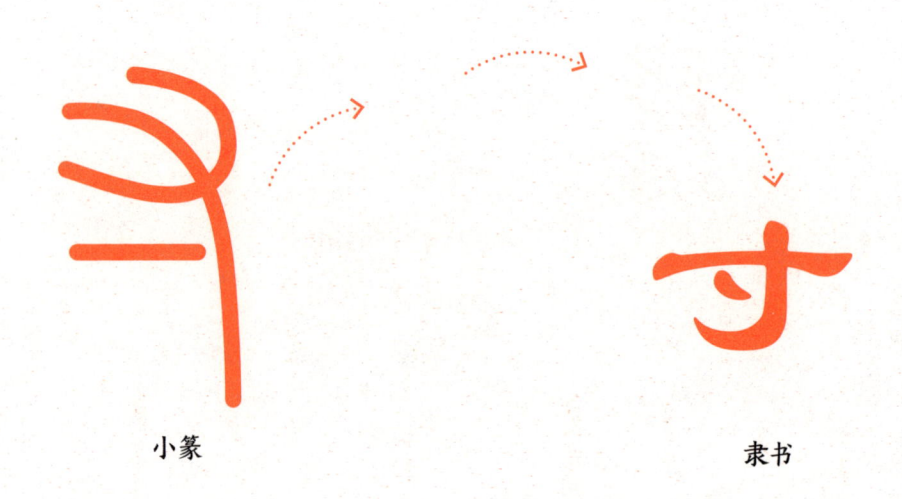

小篆

隶书

你看我的小篆祖先，像不像连有手臂的右手？它身上那一横，是不是指向手腕（wàn）下面的寸口位置？

后来，右手和手臂是不是演变成了一横和一个竖钩？指向寸口那一横，是不是演变成了一点？

我的故事

我呀，其实就是那个"寸"字，最初的意思是寸口，也就是脉口。

我位于腕后一寸之处的动脉位置，正好是医生放置手指，为病人把脉看病的地方。

我只有3.33厘米，是一种比较小的长度单位，由此又引申出短小的意思。"手无寸铁"和"寸草不生"，就都含有这层意思。

人们常用"鼠目寸光"来形容见识短浅。

"一寸光阴一寸金，寸金难买寸光阴"，则用来形容时间的宝贵。

"尺有所短，寸有所长"，是说每件事物都各有各的长处和短处，通常是长中有短，短中有长。随着外部环境的变化，长处和短处还可以相互转化。

大家别看我短小而忽视我。我能像蚕（cán）丝织布那样积丝成寸，累寸成匹。

我做事也很有分寸，在原则面前寸步不让，在战争当中寸土必争。

"人心方寸间，山海几千里。"（出自宋·邵雍《人心》）

"研尽一寸墨，扫成千仞（rèn）峰。"（出自唐·李洞《观水墨障子》）

很多古诗词里都有我的身影。

我来造字

我们这个家族的汉字，主要和人手有关，和尺寸有关。

我通常待在我朋友的右边或者脚下，有时候也跑到其他位置。

因为我是以"寸"字的身份做偏旁，所以大家都叫我"寸字旁"。

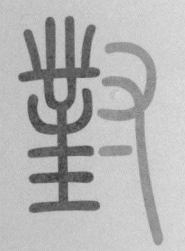

小篆
对
隶书

我遇到"又"字，
就变成了"对"字。

对牛弹琴。
"对"是"對"的简化字。

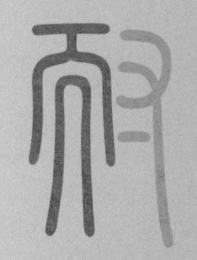

小篆
耐
隶书

遇到"而"字，
就变成了"耐"字。

吃苦耐劳。

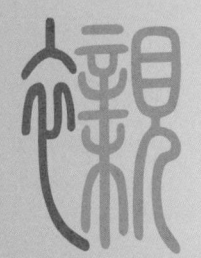

小篆
衬
隶书

遇到衣字旁（衤），
就变成了"衬"字。

红花也要绿叶衬。
"衬"是"襯"的简化字。

小篆

过

隶书

遇到走之旁（辶），
就变成了"过"字。

鸟过花阴乱，龙归海气腥。
"过"是"過"的简化字。

小篆

寺

隶书

遇到"土"字，
就变成了"寺"字。

苍苍竹林寺，杳杳（yǎo）钟声晚。

小篆

寿

隶书

遇到三横一撇，
就变成了"寿"字。

福如东海长流水，寿比南山不老松。
"寿"是"壽"的简化字。

止字旁

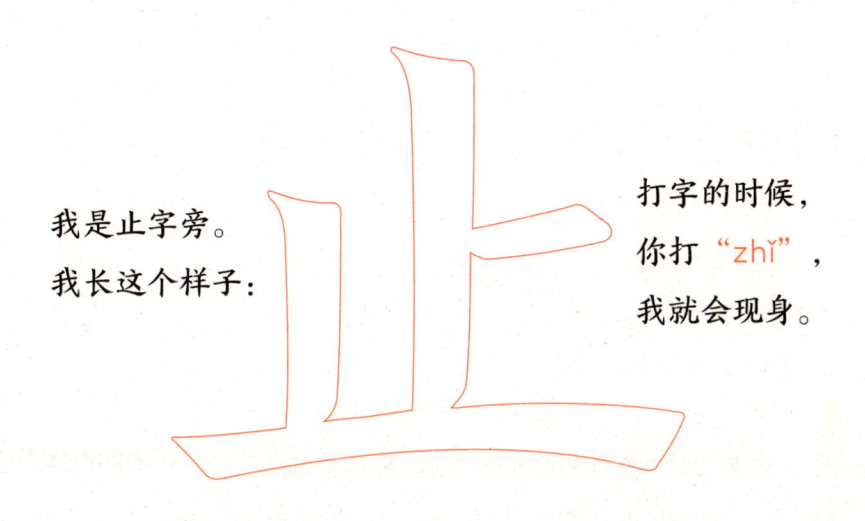

我是止字旁。
我长这个样子：

打字的时候，
你打"zhǐ"，
我就会现身。

我的祖先很酷。它们长这个样子：

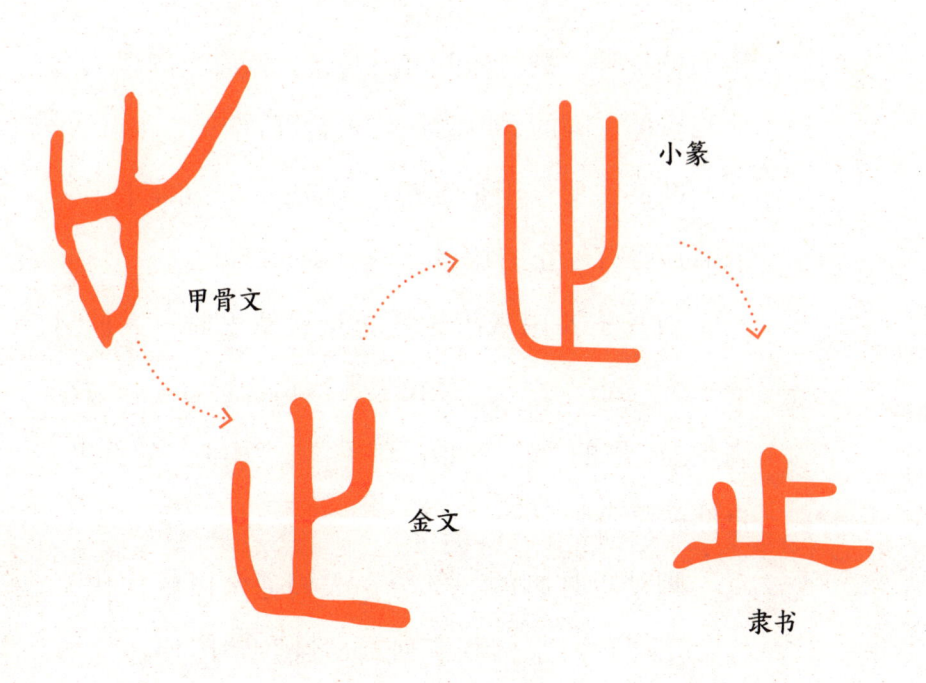

甲骨文

金文

小篆

隶书

你看我的甲骨文祖先，像不像一只脚的形状？上面那些笔画，是不是以三表多，代表脚趾？下面那些笔画，是不是代表脚面和脚跟？

后来，三个脚趾是不是慢慢演变成了一竖一横和另外一竖？脚面和脚跟是不是演变成了下面一横？

我的故事

我呀，其实就是那个"止"字，最初的意思是脚，也就是脚踝（huái）以下的部位。

西汉时期，汉文帝刘恒减民赋（fù），废重刑："当斩左止者，笞（chī）五百。"这里面的我，指的就是脚。整句话的意思是说，按原来的律法，应当斩掉左脚的，改为用竹板打五百下。

我的主要作用是走路。我停下，人就停下了，因而还含有停止的意思。

当我主要用来表达停止这层意思时，人们另造一个"趾"字，代替我来表达脚这层意思。"趾高气扬"里的"趾"，指的就是脚。"山趾"的意思，自然就是山脚。

脚趾也是脚的一部分。人们通常以整体代个体，用"趾"来借指脚趾。"趾"字因而还含有脚趾的意思。"趾甲"指的就是脚指甲。

古时候，"足"字和"脚"字都各有其义。"足"字最初的意思是膝盖以下，包括膝盖在内的腿脚。"脚"字最初的意思是小腿。

一开始的时候，我和它们各负其责，各自表达各自的意思。后来，它们两个代替我来表达脚踝以下的部位这层意思，成为今天意义上的"脚"。我们最初的意思，反而少有人知了。

我还被经常借用为副词，相当于"仅"字和"只"字。"技止此耳"和"止增笑耳"，都是这种用法。

有时候，我也被借用为语气助词，用于句末，没有实际意义。"高山仰止，景行（háng）行（xíng）止"里面的我，就是这种用法。

这两句诗出自《诗经·甫田之什·车辖》。它们后面还有两句："四牡骈骈（fēi），六辔（pèi）如琴。""景行"的意思是大路。将它们连在一起来讲，意思就是：仰望着高山，行走在大路上，赶着四匹公马奔跑不停，手中六条缰绳谐（xié）和如琴弦。

"始我来京师，止携（xié）一束书。"（出自唐·韩愈《示儿》）

"止酒非关病，援琴不在声。"（出自唐·包何《送王汶宰江阴》）

很多古诗词里都有我的身影。

| 我来造字 |

我们这个家族的汉字，主要和脚有关。

我通常待在我朋友的右边，有时候也跑到其他位置。

因为我是以"止"字的身份做偏旁，所以大家都叫我"止字旁"。

小篆

正

隶书

我遇到"一"字，
就变成了"正"字。

天地有正（zhèng）气。农历一月为正（zhēng）月。

小篆

址

隶书

我遇到"土"字，
就变成了"址"字。

寻找古城遗址。

小篆

步

隶书

遇到一竖两撇,
就变成了"步"字。

五十步笑百步。

小篆

歧

隶书

遇到"支"字,
就变成了"歧(qí)"字。

歧路亡羊。

小篆

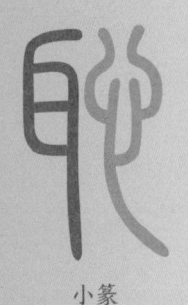

耻

隶书

遇到"耳"字,
就变成了"耻"字。

羞耻之心,人皆有之。
"耻"原本是"恥"的异体字,
现在以"耻"为正体字。

小篆

芷

隶书

遇到草字头（艹）,
就变成了"芷"字。

岸芷（zhǐ）汀（tīng）兰,郁
郁青青。

选自颜真卿书《颜勤礼碑》

書郎颐仁孝
方正明經大
理司直充張

名帖赏析

　　《颜勤礼碑》，全称为《唐故秘书省著作郎夔（kuí）州都督府长史上护军颜君神道碑》，是唐朝书法家颜真卿为其曾祖父颜勤礼撰文并书写的神道碑（立于墓道前端，记载逝者生平事迹的石碑）。该碑四面刻字，现存三面，笔力沉着，雄伟端庄，系颜真卿晚年所书，为其楷书代表作之一。

疋字旁

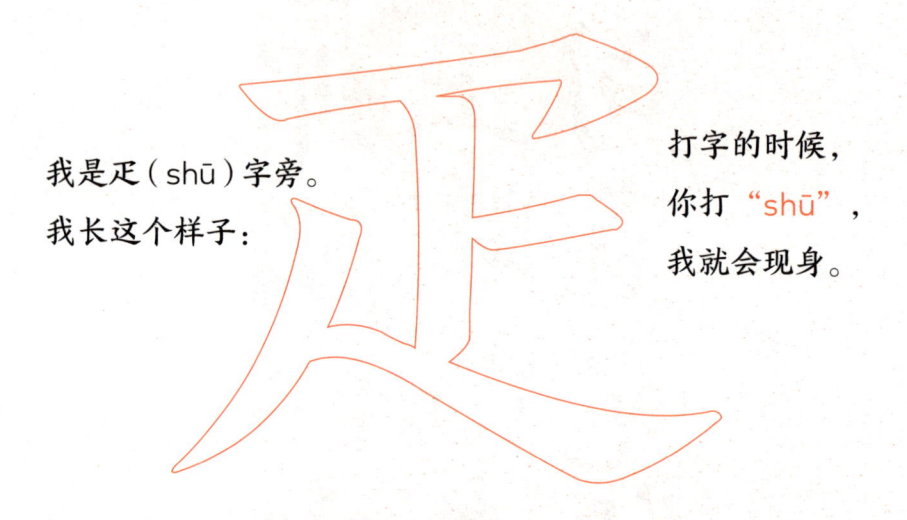

我是疋（shū）字旁。
我长这个样子：

打字的时候，
你打"shū"，
我就会现身。

我的祖先很酷。它们长这个样子：

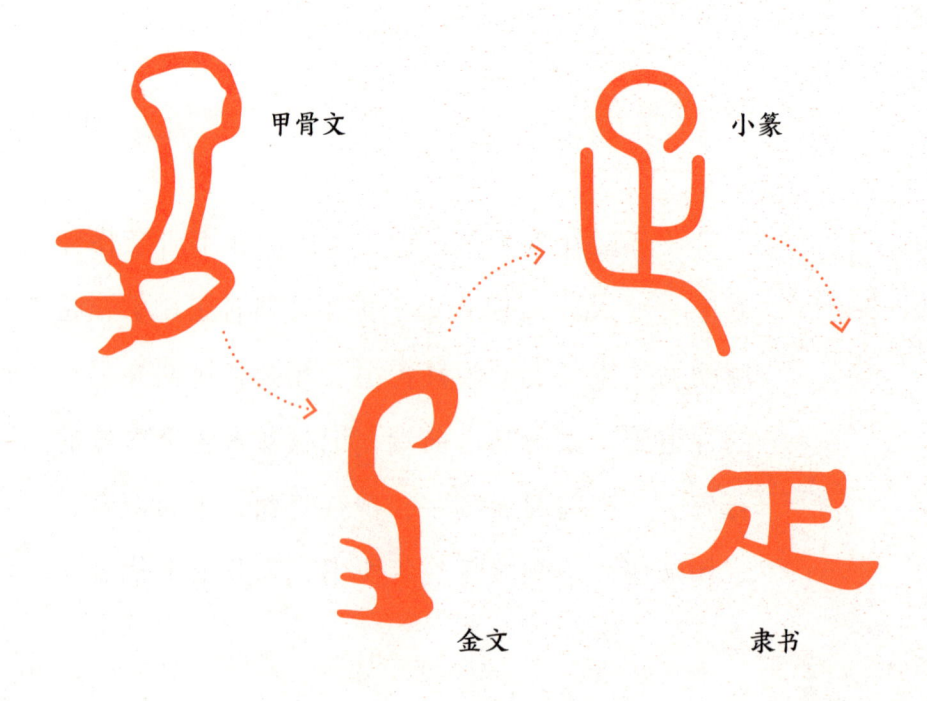

甲骨文

小篆

金文

隶书

你看我的甲骨文祖先，像不像是圆圆的膝盖、小腿和脚的组合体？

后来，是不是慢慢演变成了一个横钩、一竖一横和一撇一捺？

我的故事

我呀，其实就是那个"疋"字，最初的意思是膝盖以下包括膝盖在内的腿脚。

《说文解字》里说我"上象腓（féi）肠，下从止"。"止"就是脚，不需细说。"腓肠"指的是胫（jìng）骨后面那块肌肉，也就是小腿肚。因肥厚似肠，故以"肥肠"的谐（xié）音为名。

我和"足"字原为一字。我们的甲骨文祖先一模一样。后来，"足"字上面圆圆的膝盖封起口来，变成了一个"口"字。我的膝盖则变成了一个横钩。再后来，"足"字盛行，我反而默默无闻起来。

《弟子职》里说："先生将息，弟子皆起。敬奉枕席，问疋何止。""问疋何止"，即是"问疋止何"。也就是说，首次服侍先生休息，铺席子放枕头的时候，要问一问先生习惯足放何处，睡床哪头。

我多想也有位先生来教我学功课！服侍他睡觉的时候，我定会低眉顺眼，恭恭敬敬地问上一句："请问先生疋何止？"

"弓弦抱汉月，马足践胡尘。"（出自唐·骆宾王《从军行》）

"人影半空落，归鹞（yào）足下回。"（出自宋·胡份《游雁门山》）

这些古诗词里的"足"字，让我感到非常亲切，同时跟着沾染了一番诗意。

我来造字

我们这个家族的汉字，主要和腿脚有关。

我通常待在我朋友的头上，有时候也跑到其他位置。

因为我是以"疋"字的身份做偏旁，所以大家都叫我"疋字旁"。

我遇到"虫"字，
就变成了"蛋"字。

捣蛋鬼来捣蛋，糊涂蛋犯糊涂。

遇到"旦"字，
就变成了"疍（dàn）"字。

疍家人是水上居民，以船为家，日出即起，足踩金光，捕鱼为业。

遇到肉月旁（月），
就变成了"胥（xū）"字。

胥为蟹酱。螃蟹爪子多，爪多好擒贼。古人常用"胥"字来借指掌管捕捉盗贼的小吏，进而泛指小官。

小篆

楚

隶书

遇到"林"字,
就变成了"楚"字。

楚和荆(jīng)都是同一种植物。楚木刑杖打得他痛楚不堪(kān)。

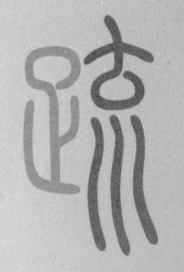

小篆

疏

隶书

遇到"流"字,三点水流走,
就变成了"疏"字。

杏花疏影里,吹笛到天明。

足字旁

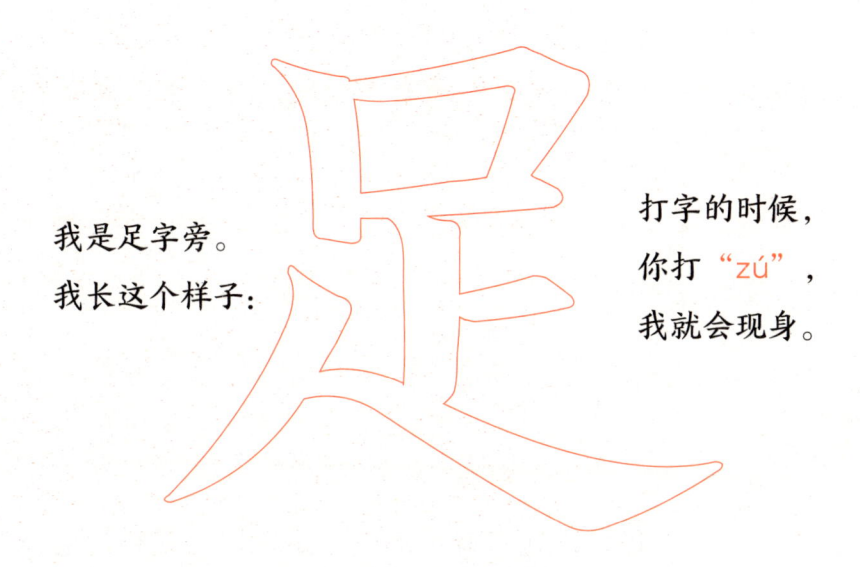

我是足字旁。
我长这个样子：

打字的时候，
你打"zú"，
我就会现身。

我的祖先很酷。它们长这个样子：

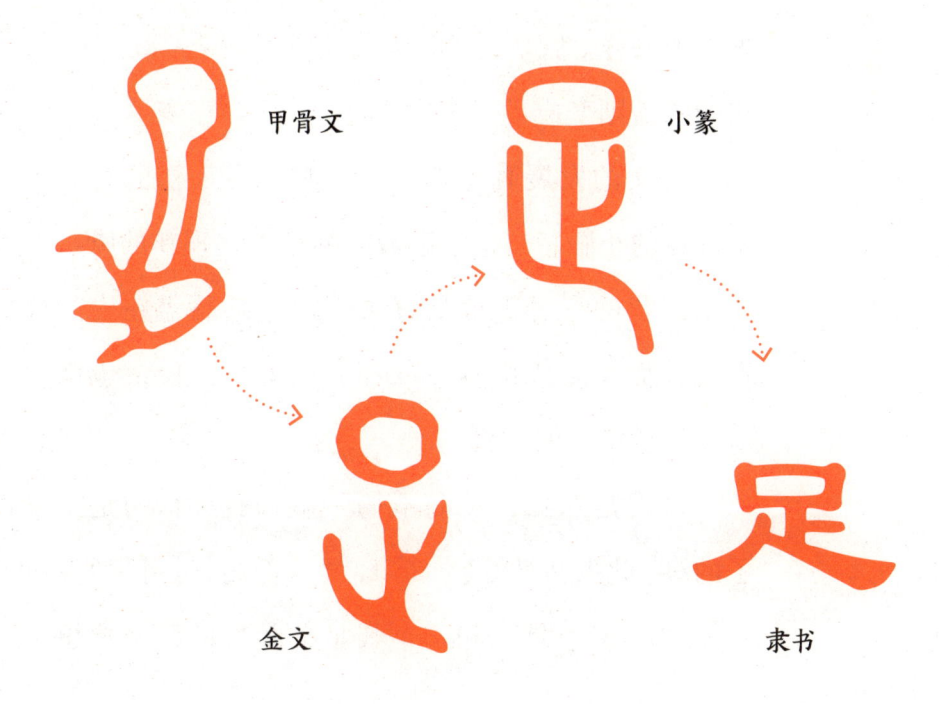

甲骨文

小篆

金文

隶书

你看我的甲骨文祖先,像不像是圆圆的膝盖、小腿和脚的组合体?金文祖先是不是省去小腿,只保留了圆圆的膝盖和脚?

后来,是不是慢慢演变成了一个"口"字和一竖一横、一撇一捺?

我的故事

我呀,其实就是那个"足"字,最初的意思是膝盖以下包括膝盖在内的腿脚。

我和"疋(shū)"字同源。我们的甲骨文祖先一模一样。后来,我的膝盖变成了一个"口"字,它的膝盖则变成了一个横钩。

古文的发展真是奇怪!"脚"字最初的意思是现在的小腿,"止"字最初的意思是现在的脚。后来,我的意思不再是膝盖以下包括膝盖在内的腿脚,而是专指脚踝(huái)以下的部位,也就是今天意义上的"脚"。

"百足之虫,死而不僵"里的我,指的是虫子的脚。此虫乃马蚿(xián),寸寸断之,寸寸皆行。

"心满意足"和"丰衣足食"里的我,意思

是满足和充足。

"不足为凭"和"微不足道"里的我，意思是值得。

"画蛇添足"的那个人说："我一定要画蛇添足，因为这样才能与众不同！"

"削（xuē）足适履（lǚ）"的那个人说："我不得不削足适履，因为他们总是给我小鞋穿！"

"愿驰千里足，送儿还故乡。"（出自南北朝·佚名《木兰辞》）

"好水好山看不足，马蹄催趁月明归。"（出自宋·岳飞《池州翠微亭》）

很多古诗词里都有我的身影。

我来造字

我们这个家族的汉字，主要和腿脚有关。

我通常待在我朋友的左边，有时候也跑到其他位置。待在我朋友的左边时，我身上那一撇一捺会变成一竖一提。

因为我是以"足"字的身份做偏旁，所以大家都叫我"**足字旁**"。

小篆

趾

隶书

遇到"止"字，
就变成了"趾"字。

鞋子破了，露出脚趾。

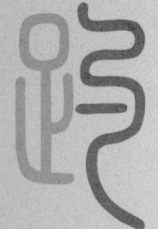

小篆

趵

隶书

遇到"勺"字，
就变成了"趵（bào）"字。

趵突泉向上喷涌，平地涌出白玉壶。

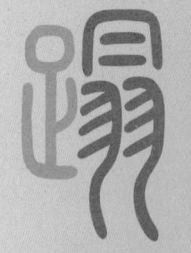

小篆

踏

隶书

遇到"沓（tà）"字，
就变成了"踏"字。

踏花归去马蹄香。
"踏"原本是"蹋"的异体字，现在以"踏"为正体字。

小篆

蹒
隶书

遇到草字头（艹）和"两"字，
就变成了"蹒"字。

蹒（pán）跚（shān）而行。

小篆

蹴
隶书

遇到"就"字，
就变成了"蹴（cù）"字。

一蹴而就。

小篆

捉
隶书

遇到提手旁（扌），
就变成了"捉"字。

李白醉酒，泛舟捉月。小人事多，捕风捉影。

小篆
趸
隶书

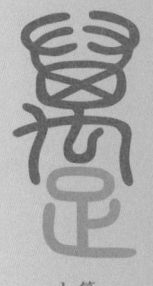

遇到"万"字，
就变成了"趸（dǔn）"字。

趸售货物，整批卖出。
"趸"是"躉"的简化字。

小篆
蹙
隶书

遇到"戚"字，
就变成了"蹙（cù）"字。

蹙眉而立。

小篆
蹩
隶书

遇到"敝"字，
就变成了"蹩（bié）"字。

蹩脚货，质量不好。

匕字旁

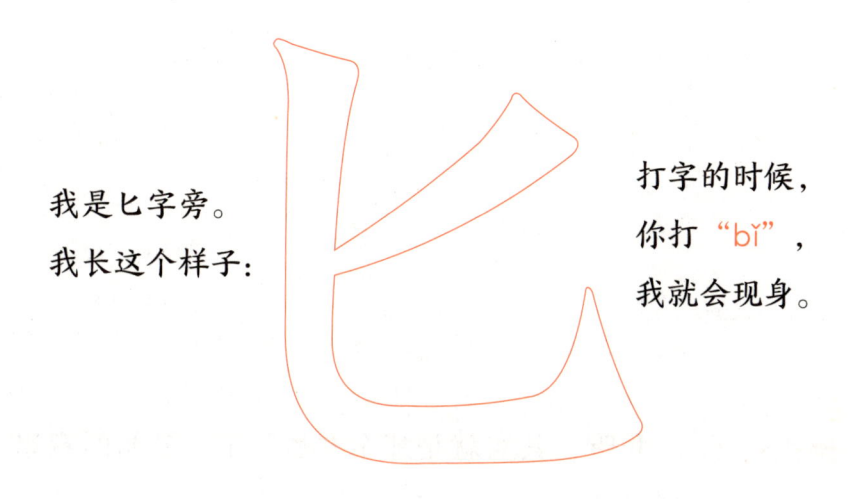

我是匕字旁。
我长这个样子：匕

打字的时候，
你打"bǐ"，
我就会现身。

我的祖先很酷。它们长这个样子：

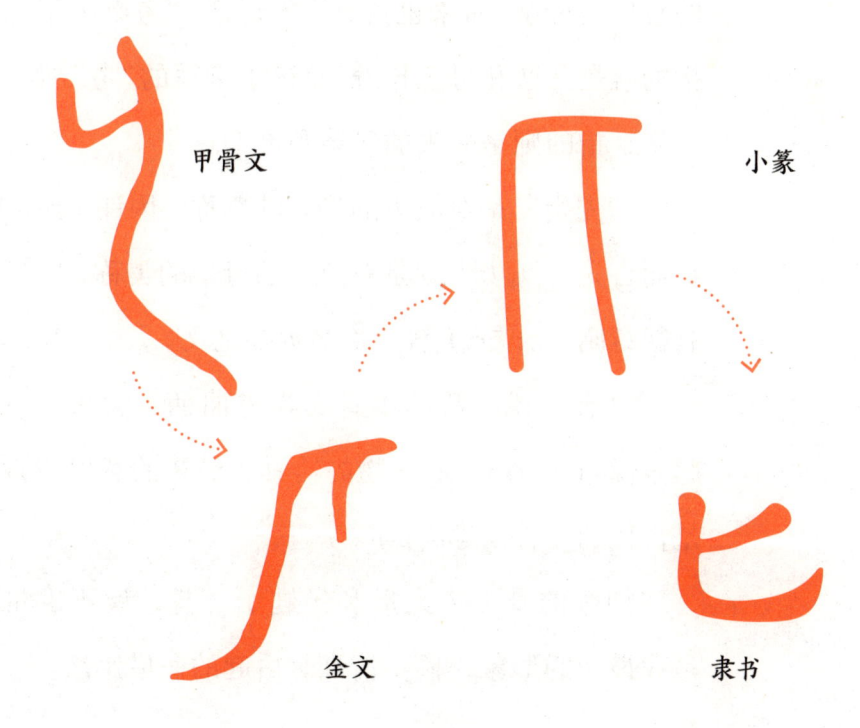

甲骨文

小篆

金文

隶书

你看我的甲骨文祖先，像不像俯身而拜的女人形状？

后来，是不是慢慢演变成了一撇和一个竖弯钩？

我的故事

我呀，其实就是那个"匕"字，最初的意思是性格柔顺的妇女。

我可能是"妣（bǐ）"字最早的写法。这个字的意思是母亲，后来也指故去的母亲。"考妣延年"，指的就是父亲和母亲长寿。墓碑上刻写的"考""妣"二字，指的则是故去的父亲和母亲。

"先妣"是对故去的母亲的尊称。因讳（huì）亡而言先。"显妣"则是对故去的母亲的美称。"显"有德行昭（zhāo）著、声名远播之义。

也有人说，我的甲骨文祖先曲柄、尖头，看起来像舀（yǎo）取食物的器具，最初的意思应该是古代的一种汤匙（chí）。

如今的我，集人形和汤匙于一身，说不准谁是我最初的形象，搞不清谁是后起的假借用法。

我和"首"字组成"匕首"一词。匕首是一种短剑,因剑头尖尖,形似匙头而得名。简而言之,即是"剑之首似匕之首",故以"匕首"来命名短剑。

古时候,有个"𠤎(huà)"字,和我极为相似。它的甲骨文"𠤎"祖先,看起来像一个倒立的人形。"人而倒,变化之意也。"它的意思是变化。

后来,它的左边增加了一个单人旁,变成了"化"字(𠤎),两个人一正一倒,高高兴兴地结伴翻跟头去了。

"四夷闻风失匕箸(zhù),天子受贺登高楼。"(出自唐·刘禹锡《平蔡州三首》)

"鱼文匕首不离身,马踏长安市里尘。"(出自明·王稚登《袁相国故居访李孝甫太仆》)

很多古诗词里都有我的身影。

我来造字

我们这个家族的汉字,主要和人有关,和汤匙有关。

我通常待在我朋友的左边或者右边,有时候也跑到其他位置。

因为我是以"匕"字的身份做偏旁,所以大家都叫我"匕字旁"。

小篆

比

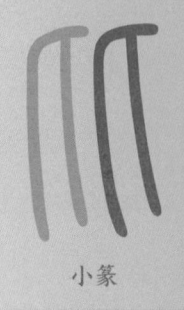

隶书

我遇到我妹妹，
就变成了"比"字。

人比黄花瘦。

小篆

顷

隶书

遇到"页"字，
就变成了"顷（qǐng）"字。

顷刻是片刻，是极短的时间。
碧波万顷，一顷等于100亩。
"顷"是"頃"的简化字。

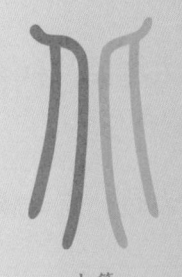

小篆

北

隶书

遇到一竖一横和一提，
就变成了"北"字。

北国风光，千里冰封，万里雪飘。

小篆

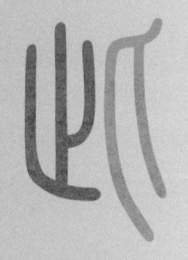

此

隶书

遇到"止"字，
就变成了"此"字。

此地无银三百两，隔壁王二不曾偷。

小篆

鬯

隶书

遇到凶字框（凵）和斜米字（※），
就变成了"鬯（chàng）"字。

鬯为香酒，黑黍（shǔ）加郁金香所酿，饮之芬芳而顺畅，为古代祭祀或者宴饮所用。

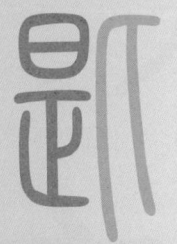

小篆

匙

隶书

遇到"是"字，
就变成了"匙"字。

一把钥（yào）匙（shi）开一把锁。一口不能进两匙（chí）。

女字旁

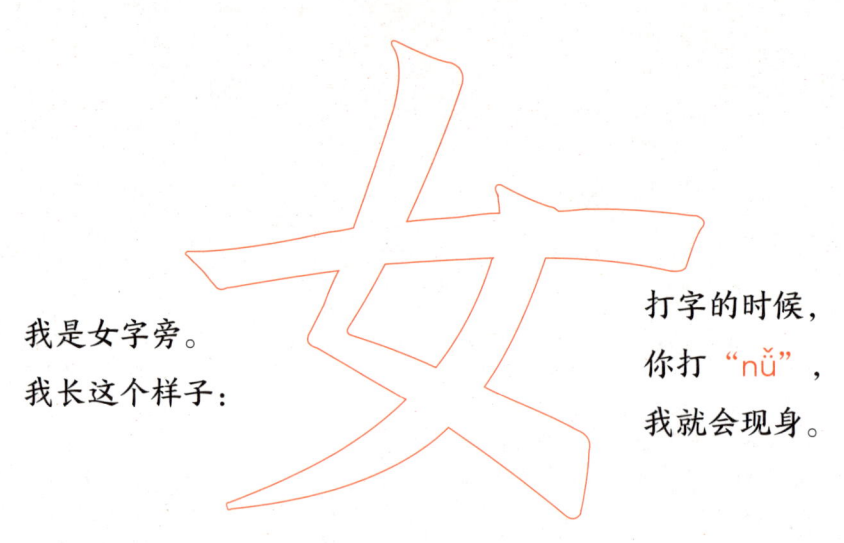

我是女字旁。
我长这个样子：

打字的时候，
你打"nǚ"，
我就会现身。

我的祖先很酷。它们长这个样子：

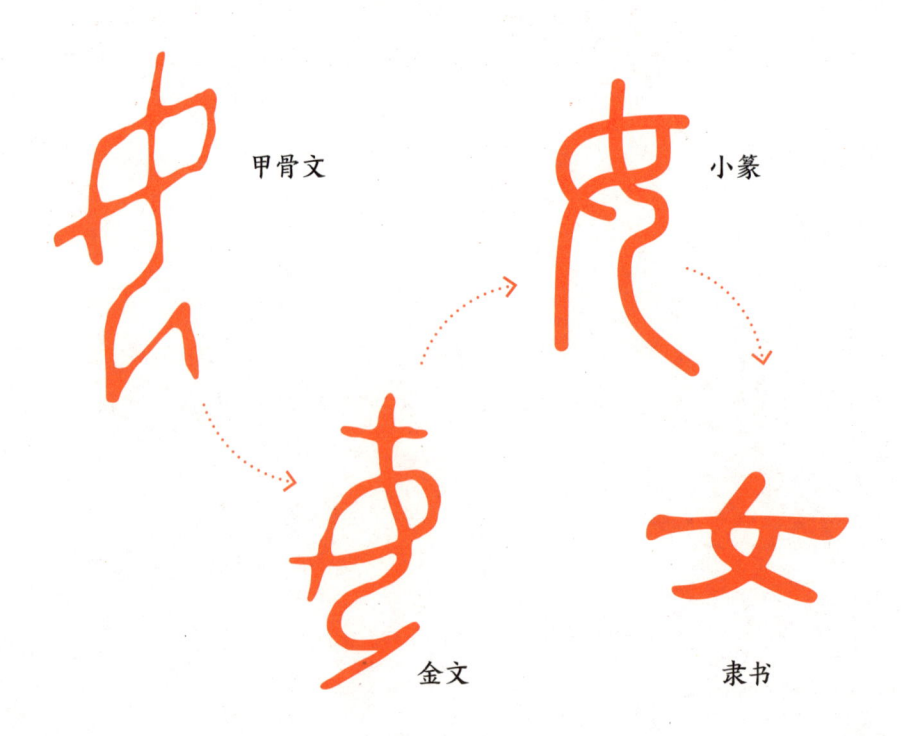

甲骨文

小篆

金文

隶书 女

你看我的甲骨文祖先，像不像两手交叉在胸前，屈膝跪坐的女人？金文祖先头上增加的那一横，是不是代表发簪（zān）之类的饰物？

后来，是不是慢慢演变成了一个撇点、一撇和一横？

我的故事

我呀，其实就是那个"女"字，最初的意思是女性，也就是女人。

古时候，"妇"字专指已婚的女人，我指未婚的女人。如今，我们合在一起，组成"妇女"一词，成为女性的统称。

都说"妇女能顶半边天"，其实我们女人的地位也经历了几个阶段的变化。

母系社会女人占主导地位，生命始于母体，子随母姓。古人造"始"字和"姓"字的时候，都以我为偏旁。姜、姬（jī）、姚、嬴（yíng）等姓，也全用我做偏旁。

进入父系社会后，男人的地位超过了我们，我们渐渐变得卑贱起来。"奴""婢（bì）""嫉（jí）"

"妒（dù）"等汉字里都有我，就是这一现象的体现。

到了现在，人们提倡男女平等，我们的地位又提高了。

我和"男"字组成"男女"一词，泛指男人和女人。

有时候，我专指女儿。"一儿一女"就含有这层意思。

我还是"二十八星宿（xiù）"之一。我和斗、牛、虚、危、室、壁这六宿一起，共同组成龟蛇合体的形象，统称为"北方玄武七宿"。

我是七宿中的第三宿，由四颗星星组成，看起来像个"女"字，同时也像个簸（bò）箕（ji）。过去女人们劳作的时候，经常用簸箕簸（bǒ）掉谷物里面的谷壳和沙粒等杂物。

我作为星宿时，除了叫"女"，还有"婺（wù）女"和"须女"两个称呼。

"酒醒推篷坐，凄凉望女牛。""女牛"一词里的我，指的不是女宿，而是织女星。"牛"指的是牵牛星。织女星在婺女宿的北边。婺女是祖母，织女是孙女。

"窈（yǎo）窕（tiǎo）淑女，君子好逑（qiú）。"（出自先秦·佚名《诗经·周南·关雎》）

"竹喧（xuān）归浣（huàn）女，莲动下渔舟。"（出自唐·王维《山居秋暝》）

很多古诗词里都有我的身影。

我来造字

我们这个家族的汉字，主要和女人有关。

我通常待在我朋友的左边，有时候也跑到其他位置。

因为我是以"女"字的身份做偏旁，所以大家都叫我"女字旁"。

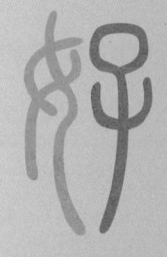

小篆

好

隶书

我遇到"子"字，
就变成了"好"字。

爱好（hào）广泛，好（hǎo）事多磨。

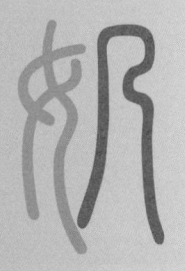

小篆

奶

隶书

遇到"乃"字，
就变成了"奶"字。

奶奶养了一头奶牛。

小篆

妈

隶书

遇到"马"字,
就变成了"妈"字。

扑进妈妈的怀抱。

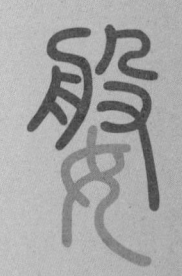

小篆

婆

隶书

遇到"波"字,
就变成了"婆"字。

丑媳妇总得见公婆。

小篆

娇

隶书

遇到"乔"字,
就变成了"娇"字。

千娇百媚。
"娇"是"嬌"的简化字。

小篆

嫁

隶书

遇到"家"字,
就变成了"嫁"字。

男婚女嫁。

母字旁

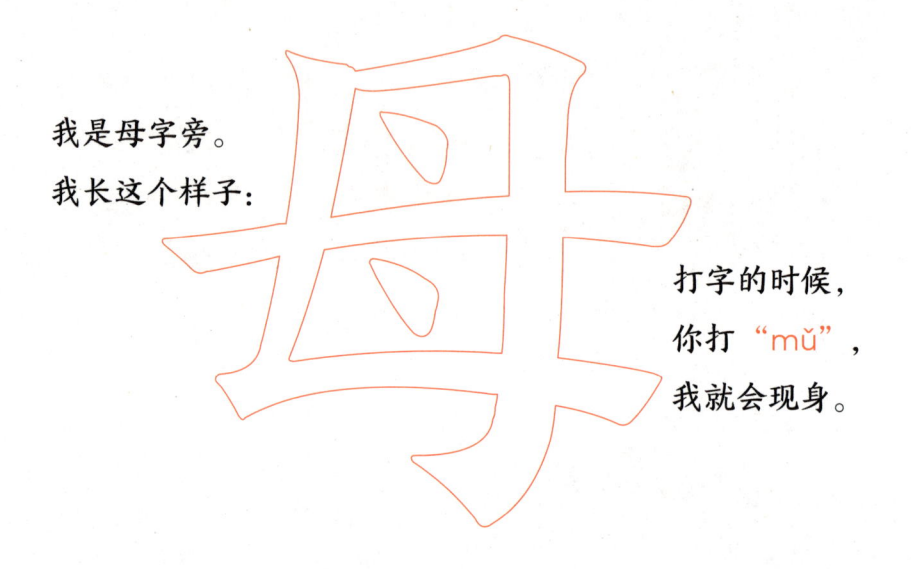

我是母字旁。
我长这个样子：

母

打字的时候，
你打"mǔ"，
我就会现身。

我的祖先很酷。它们长这个样子：

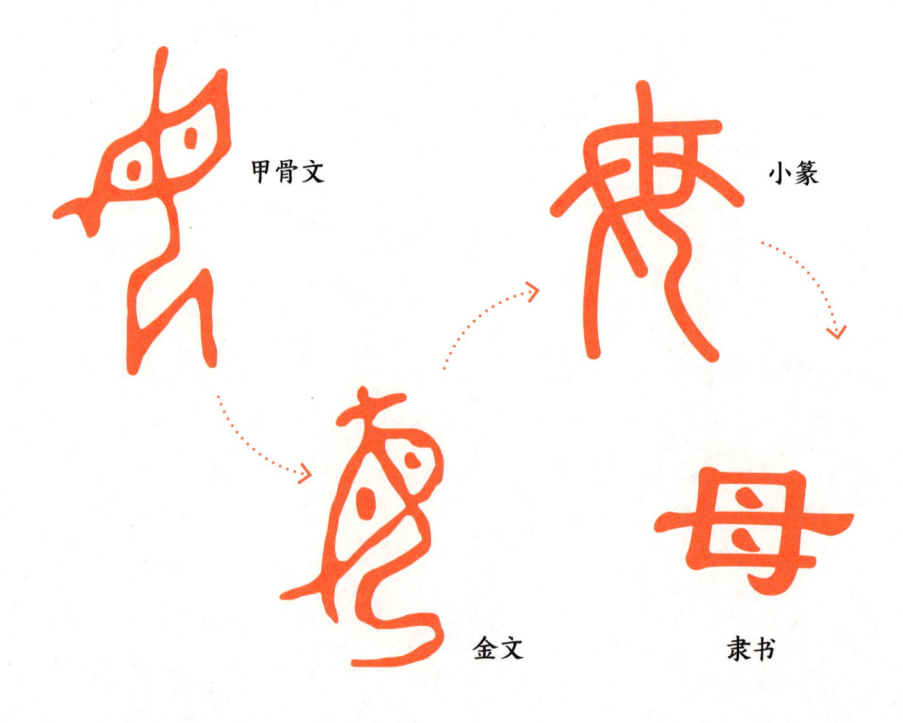

甲骨文

小篆

金文

隶书

你看我的甲骨文祖先，像不像具有哺(bǔ)乳功能的母亲？两臂相拢形成的空间，是不是代表胸部？胸前那两点，是不是代表两个乳房？金文祖先头上增加的那一横，是不是代表发簪(zān)之类的饰物？隶书祖先是不是截取甲骨文祖先的上半部分，略加修整和变形，逆时针旋转了90度？

后来，是不是慢慢演变成了一个竖折、一个横折钩、一点一横和另外一点？

我的故事

我呀，其实就是那个"母"字，最初的意思是母亲。

我和"女"字同源。我们的甲骨文、金文和小篆祖先几乎一模一样。不同的是，我的祖先胸部增加了两个小点或者下垂的两画，突出了具有哺乳作用的乳房。

"毋(wú)"字也是由我分化而来。我身上那两个点连成一个长撇，就变成了它。它最初的意思是禁止，也用来表示劝阻，相当于"不能"、"不要"和"无须"等否定词语。

我还有两个常用的称呼，分别是"娘"和"妈"。一个是方言，一个是口语。

"生曰父，曰母，曰妻；死曰考，曰妣（bǐ），曰嫔（pín）。"当我去世以后，子女们会称我为"先妣"或者"显妣"。

天地是万物之母。失败是成功之母。分母是分子之母。

我们都是喝母亲的乳汁长大的。人人都有自己的母亲。

愿天下的母亲都能熟知人母的仪范，精通为母之道，教育好自己的子女。

"一间茅屋何所值，父母之乡去不得。"（出自唐·王建《水夫谣》）

"羽毛长得完全后，子母东西各自飞。"（出自宋·顾逢《杂兴》）

很多古诗词里都有我的身影。

我来造字

我们这个家族的汉字，主要和母亲有关。

我通常待在我朋友的右边，有时候也跑到其他位置。

因为我是以"母"字的身份做偏旁，所以大家都叫我"**母字旁**"。

小篆

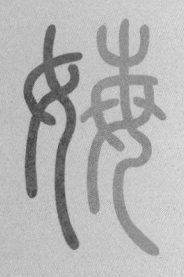

姆

隶书

我遇到"女"字，
就变成了"姆"字。

请来保姆看孩子。

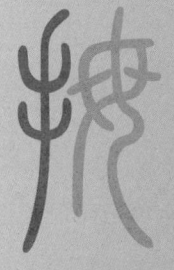

小篆

拇

隶书

遇到提手旁（扌），
就变成了"拇"字。

伸伸大拇指，伸伸二拇指，再伸伸小拇指，就有可能见到可爱的拇指姑娘。

小篆

坶

隶书

遇到"土"字，
就变成了"坶（mù）"字。

坶即坶邑，北距商朝都城朝歌七十里。武王伐纣（zhòu），战于坶之野。此战即为后世所称的"牧野之战"。"牧野之战"之"牧"通"坶"。

小篆

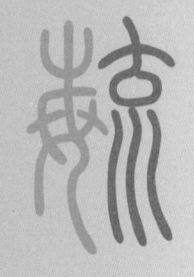

毓

隶书

遇到"流"字,喝光"三点水",再遇到"卧人儿",就变成了"毓(yù)"字。

钟灵毓秀。"毓"和"育"同音同义,都含有生育和养育的意思。

小篆

毒

隶书

遇到两横一竖和另外一横,就变成了"毒"字。

"毒"原本指的是毒草,是有害之草。与它模样相似的"毐(ǎi)",指的则是士之无行者,是男子品行不端。比如秦国的嫪(lào)毐,就是这种德行的人。

老字旁

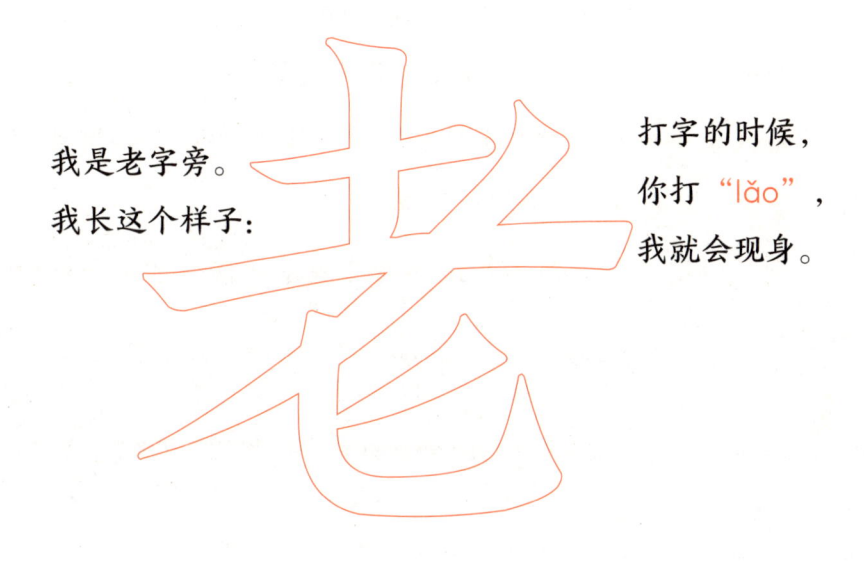

我是老字旁。
我长这个样子：

打字的时候，
你打"lǎo"，
我就会现身。

我的祖先很酷。它们长这个样子：

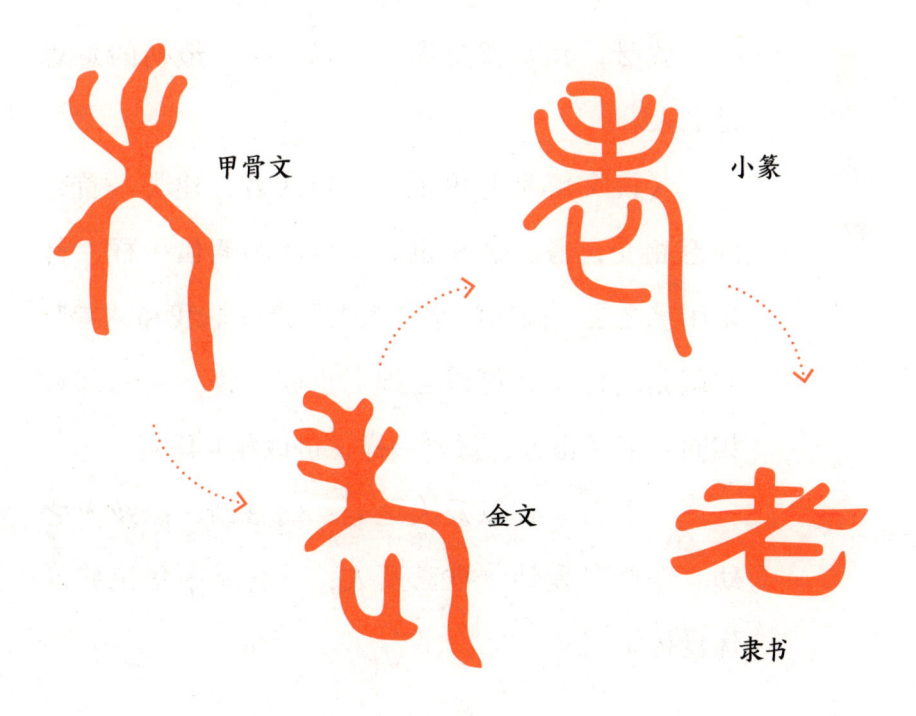

甲骨文

小篆

金文

隶书

你看我的甲骨文祖先，像不像弯腰拄（zhǔ）杖，头发稀疏的老人？上面那些笔画，是不是代表头发？左下方那一竖，是不是代表手中的拐杖？金文祖先和小篆祖先身上的拐杖，是不是逐渐演变成了一个"匕"字？

到了我这一辈，是不是最终演变成了一横一竖、一横两撇和一个竖弯钩？

我的故事

我呀，其实就是那个"老"字，最初的意思是老人。

《说文解字》里说："转注者，建类一首，同意相受，考、老是也。"转注和假借一样，都是用字之法，同属汉字"六书"之一。我和"考"字就是转注字，可以互训。也就是说，我们部首相同、字音相近、意思一样，可以相互解释。

"老吾老，以及人之老；幼吾幼，以及人之幼。"尊老爱幼，推己及人，一直是中华民族的优良传统。

人人都有老的时候。当我们将子女抚养成人时，自己也走向衰老。这时候，我们的体力和精力都会衰退，各个方面都需要子女的体谅和照顾。

我们虽然希望得到子女的孝敬和他人的尊敬，但是不会倚老卖老，为老不尊。

我们虽然想安度晚年，但也不想过度安逸（yì），更想老有所为，来一次"夕阳红"。

孔子他老人家说："老而不死，是为贼。"这句话的原意，不是咒骂老人，而是说没有德行的老人，活在世上起不到好的示范作用，就是祸害。

人人都有老死的那一天。生老病死的规律，没人能够改变。长生不老，可能只是一个美好的愿望。

我作为一个汉字，唯一能做的，就是祝愿所有的老人，都能老当益壮，老年幸福。

"执子之手，与子偕（xié）老。"[出自先秦·佚名《诗经·邶（bèi）风·击鼓》]

"梦断香消四十年，沈园柳老不吹绵。"（出自宋·陆游《沈园二首》）

很多古诗词里都有我的身影。

我来造字

我们这个家族的汉字，主要和老人有关。

我通常待在我朋友的右边，有时候也跑到其他位置。

因为我是以"老"字的身份做偏旁，所以大家都叫我"老字旁"。

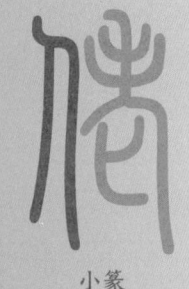

小篆

佬

隶书

我遇到单人旁（亻），
就变成了"佬"字。

乡巴佬是对乡下人的蔑（miè）称。

小篆

茗

隶书

遇到草字头（艹），
就变成了"茗（lǎo）"字。

台湾有条茗浓溪。

小篆 姥 隶书

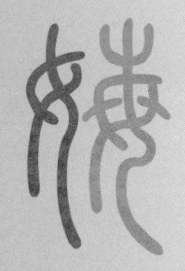

遇到"女"字,
就变成了"姥"字。

姥(lǎo)姥和姥娘都是外婆。
天姥(mǔ)是王母娘娘。

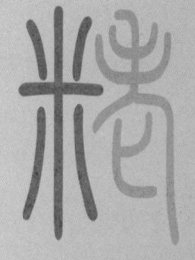

小篆 粩 隶书

遇到"米"字,
就变成了"粩(lāo)"字。

到福建闽(mǐn)南去吃芝麻粩、花生粩和杏仁粩。

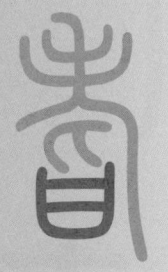

小篆 耆 隶书

遇到"日"字,
就变成了"耆(qí)"字。

五十曰艾,六十曰耆,七十曰老。

耂字头

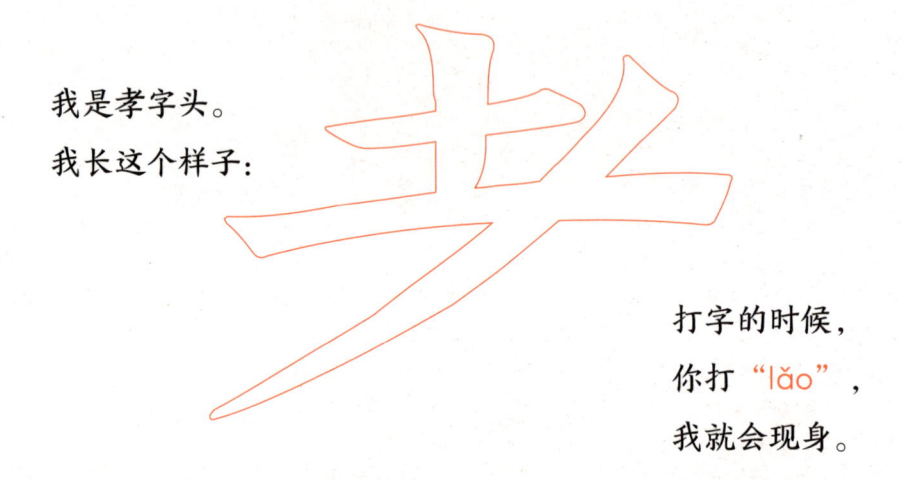

我是耂字头。
我长这个样子:

打字的时候,
你打"lǎo",
我就会现身。

我的祖先很酷。它们长这个样子:

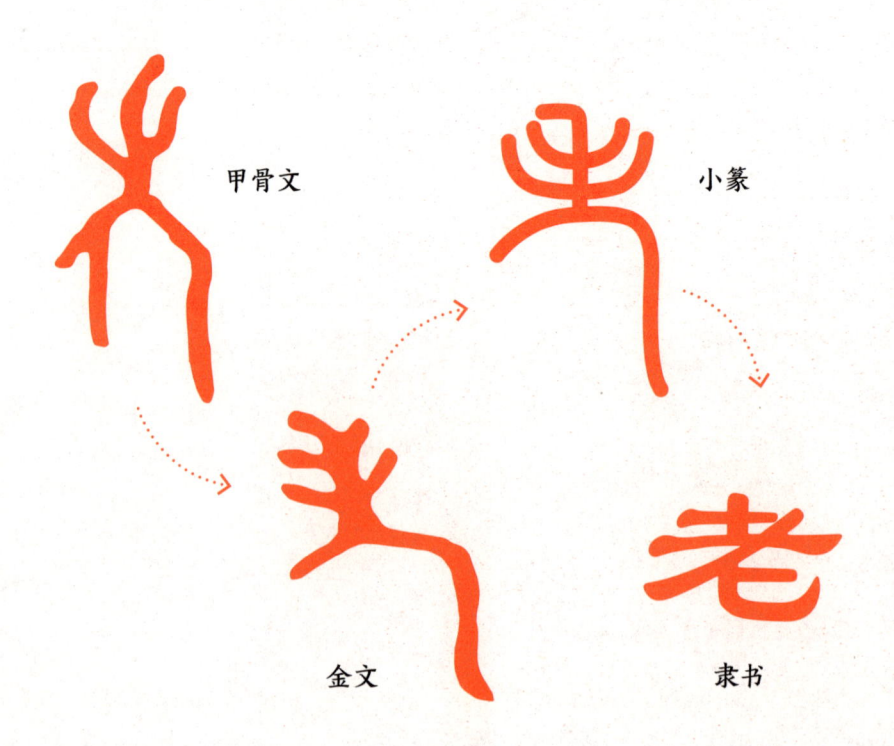

甲骨文

小篆

金文

隶书

你看我的甲骨文祖先，像不像弯腰拄（zhǔ）杖，头发稀疏的老人？上面那些笔画，是不是代表头发？左下方那一竖，是不是代表手中的拐杖？金文祖先和小篆祖先身上的拐杖，是不是逐渐演变成了一个"匕"字？

到了我这一辈，是不是最终演变成了一横一竖和一横一撇？

我的故事

我呀，其实就是那个"老"字，是它分化出来的写法，最初的意思是老人。

我既然是"老"字的变体，自然也和"老"字同族，很了解我们这个家族的特性。

我们作为年老之人，有着不同的阶段。

六十岁的时候，是"花甲之年"。人生已经走过六十年，正好是一个甲子的时光。

七十岁的时候，是"古稀之年"。唐朝的大诗人杜甫在《曲江二首（其二）》一诗里说："酒债寻常行处有，人生七十古来稀。"他那个时代，能活到七十岁的人真不多。现在年逾（yú）古稀的老人，很常见。

八十岁和九十岁的时候，是"耄（mào）耋（dié）之年"。这个年龄段的老人，现今特别多。

一百岁的时候，是"期（qī）颐（yí）之年"。百年为数之极，周而复始，开始一个新的循（xún）环。这个年龄，真是老寿星了，需要颐养天年，好好地保养年寿。

世人都以高寿为祥瑞，尊称一百岁的老人为"人瑞"。

"老来多健忘，唯不忘相思。"（出自唐·白居易《偶作寄朗之》）

"未老莫还乡，还乡须断肠。"[出自唐·韦庄《菩萨蛮（人人尽说江南好）》]

这些古诗词里的"老"字，让我感到非常亲切，同时跟着沾染了一番诗意。

我来造字

我们这个家族的汉字，主要和老人有关。

我总是待在我朋友的头上。

因为"孝"字是我们这个家族的常见字，我是"孝"字之头，所以大家都叫我"**孝字头**"。

小篆

老
隶书

遇到"匕"字,
就变成了"老"字。

老虎下山,老窝被捣。

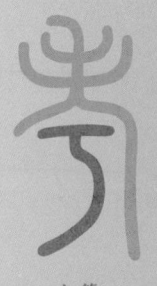

小篆

考
隶书

遇到"丂(kǎo)"字,
就变成了"考"字。

迎接考试,接受考验。

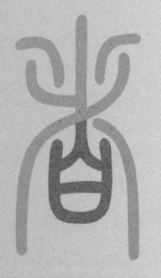

小篆

者
隶书

遇到"日"字,
就变成了"者"字。

之乎者也,始作俑(yǒng)者。

小篆

煮

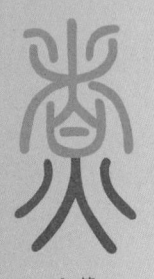

隶书

"者"字再遇到四点水,就变成了"煮"字。

闲来松间坐,看煮松上雪。

小篆

孝

隶书

遇到"子"字,就变成了"孝"字。

虞(yú)舜孝感动天,孝行产生的影响打动了上天。王祥和王览孝悌(tì)格天,孝敬父母和敬爱兄长的精神感动了上天。

选自欧阳询书《皇甫君碑》

於昆吾翼掩鸳鸿九萬奮
於真海博韜骨産文贍卿
雲孝窮溫清之方忠盡佳
救之道同何充之器局被
重晉君頯荀攸之宏畾見

名帖赏析

《皇甫君碑》，全称为《隋柱国左光禄大夫弘义明公皇甫府君之碑》，又名《皇甫诞（dàn）碑》。唐于志宁撰文，欧阳询书写，现藏于西安碑林博物馆。该碑用笔紧密内敛，刚劲不挠（náo），充分体现出了欧体书法瘦劲、险绝的风格，被誉为"学唐楷者第一必由之先路"。

长字旁

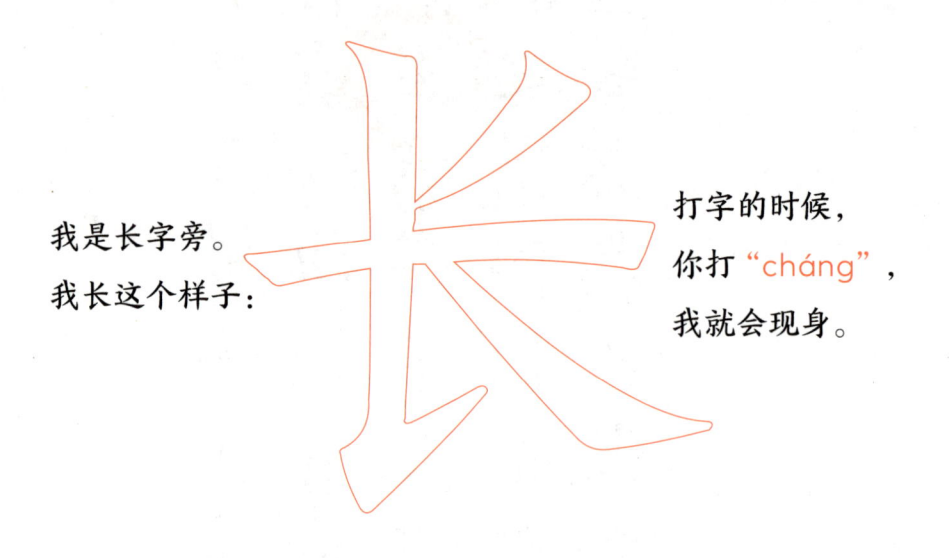

我是长字旁。
我长这个样子：

长

打字的时候，
你打"cháng"，
我就会现身。

我的祖先很酷。它们长这个样子：

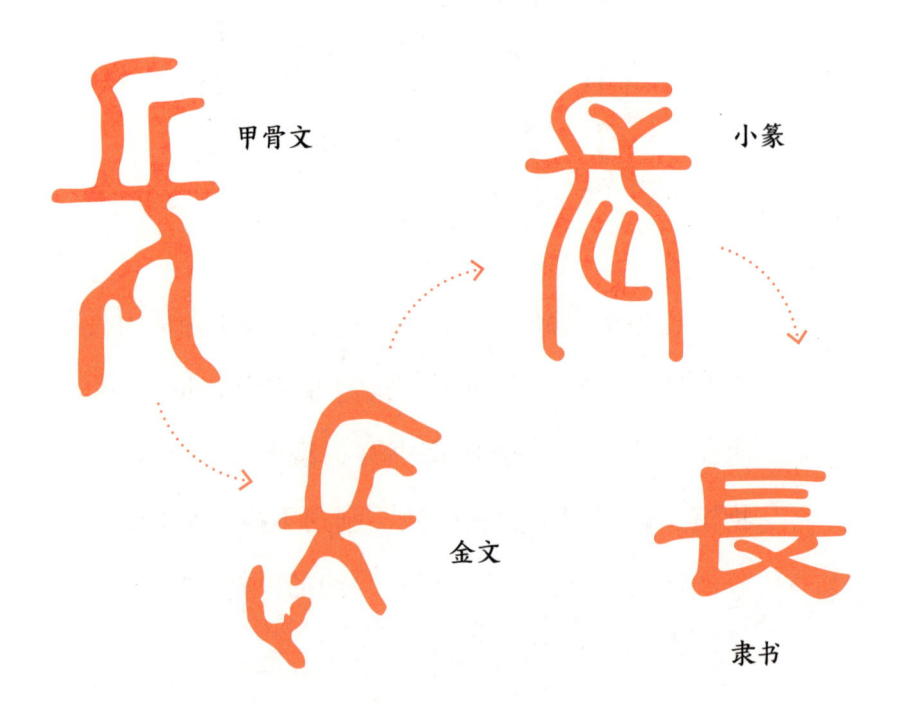

甲骨文

小篆

金文

長

隶书

你看我的甲骨文祖先，像不像长发披散的拄（zhǔ）杖老人？上边那些笔画，是不是代表披散的长发？中间那一横，是不是代表头部或者发簪（zān）？下边那些笔画，是不是代表人体和拐杖？

到了我这一辈，是不是最终演变成了一撇一横、一个竖提和一捺？

我的故事

我呀，其实就是那个"长"字，是"長"的简化写法，最初的意思年长（zhǎng）发长（cháng）。

我有两个读音，一个是"cháng"，一个是"zhǎng"。

读"cháng"的时候，与"短"相对。"长河"和"长夜"里的我，是用来形容空间和时间之长。"特长"和"专长"里的我，指的是长处和优点。

读"zhǎng"的时候，与"幼"相对。"长者"和"长辈"里的我，是用来形容年龄高和辈分大。"生长"和"增长"里的我，是用来表示发育和增加。"长兄""长姐""长子""长孙"里的我，则含有排行第一的意思。

昼长夜短，是自然规律。

长生不老，是美好愿望。

一技之长，是立身之本。

扬长避短，是明智之举。

我愿天下长治久安，人人长命百岁。

作为一个汉字，我也会努力长进，争取更多地出现在大家的视野里。

"野旷连沧海，山长带白云。"（出自宋·戴复古《秋日早行》）

"长风几万里，吹度玉门关。"（出自唐·李白《关山月》）

很多古诗词里都有我的身影。

我来造字

我们这个家族的汉字，主要和年长有关，和长发有关。

我通常待在我朋友的左边或者右边，有时候也跑到其他位置。

因为我是以"长"字的身份做偏旁，所以大家都叫我"**长字旁**"。

小篆

苌
隶书

我遇到草字头（艹），
就变成了"苌(cháng)"字。

苌弘化碧，望帝啼鹃。

小篆

怅
隶书

遇到竖心旁（忄），
就变成了"怅(chàng)"字。

怅然若失，惆(chóu)怅不已。

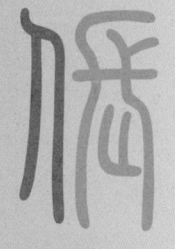

小篆

伥
隶书

遇到单人旁（亻），
就变成了"伥(chāng)"字。

为(wèi)虎作伥。传说人被老虎吃掉后，会变成伥鬼，自愿充当老虎的帮凶，专门为老虎探路，帮助老虎吃人。

小篆

肆
隶书

遇到"聿（yù）"字，
就变成了"肆（sì）"字。

狂风肆虐（nüè），肆无忌惮（dàn）。

小篆

套
隶书

遇到"大"字，
就变成了"套"字。

脱掉外套，客套一番。

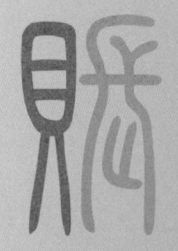

小篆

账
隶书

遇到"贝"字，
就变成了"账"字。

秋后算账，自动转账。

髟字头

我是髟（bìn）字头。
我长这个样子：

打字的时候，
你打"biāo"，
我就会现身。

我的祖先很酷。它们长这个样子：

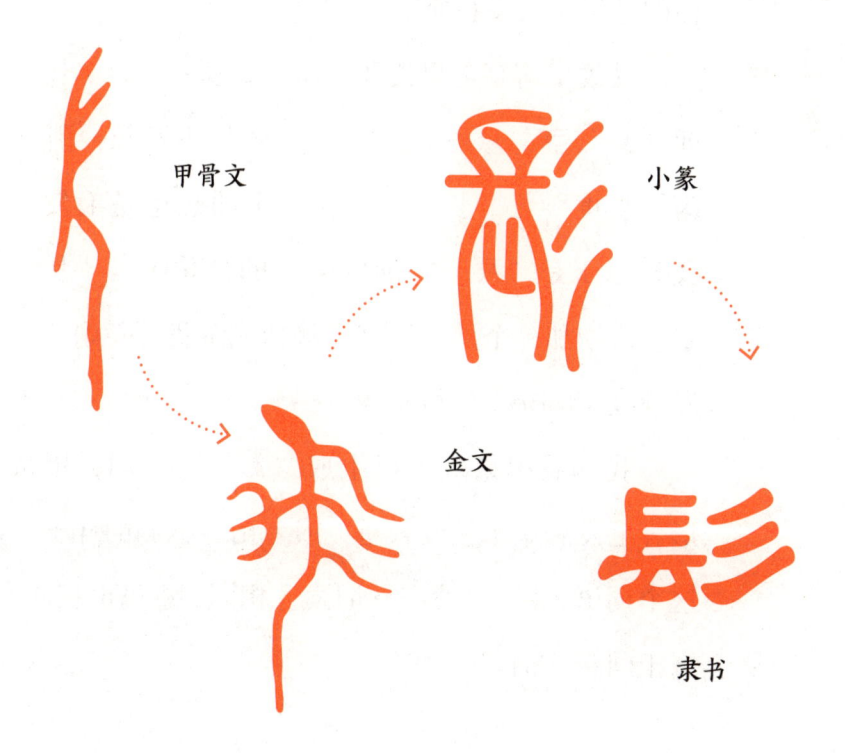

甲骨文

小篆

金文

隶书

你看我的甲骨文祖先，像不像一个人垂手而立，长发披垂的形状？金文祖先身上的手形，是不是更加明显？长发飘动感，是不是更加强烈？

后来，是不是慢慢演变成了"镸（cháng）"字和"彡（shān）"字的组合体？

我的故事

我呀，其实就是那个"髟（biāo）"字，最初的意思是长发披垂。

《说文解字》里说我"从长，从彡"。"长"即"镸"字，意思是发长，也就是头发长，引申为"长度"之"长"。"彡"字的意思是毛发。我相当于是"镸"字加偏旁后的分化字。"镸"字右边增加一个"彡"字，就变成了我，一副"长发猋猋（biāo）"的形象。

我和我弟弟，可以组成"髟髟"一词，用来形容毛发和草木枝叶长垂，或者雨雪飘洒的样子。这个词语，和"猋猋"一词读音相同，意思也相同，属于同音互训。

我虽然能独立成字，但是很少组词或者成句使用。刚开始的时候，偶尔还参与一些词语和句子的组合。后来，索性退出，专心做偏旁去了。

古人起初都是披发而行，不束发，也不戴冠。头发虽然散乱飘荡，但看起来自有一番气势，甚至引来很多羡（xiàn）慕的眼光。有些眉毛跟风而上，开始"髟髟而竞长"，长垂如发。河边的柳树也不甘落后，枝叶低垂，"碧髟髟"一片。

"八十余年住镜岩，鹿皮巾下雪髟髟。"（出自唐·皮日休《寄题镜岩周尊师所居》）

"髟髟如素丝，不堪纫（rèn）破襦（rú）。"（出自宋·仇远《剪白须》）

很多古诗词里都有我的身影。

我来造字

我们这个家族的汉字，主要和长发有关。

我总是待在我朋友的头上。

因为"髯"字是我们这个家族的常见字，我是"髯"字之头，所以大家都叫我"髯字头"。

小篆

隶书

我遇到"吉"字，
就变成了"髻（jì）"字。

眠罢梳云髻，妆成上锦车。髻是盘在头顶或者脑后的各种形状的发结。

小篆

鬃

隶书

遇到"宗"字，
就变成了"鬃（zōng）"字。

跑来一匹红鬃马。鬃是马脖子或者猪脖子上的长毛。

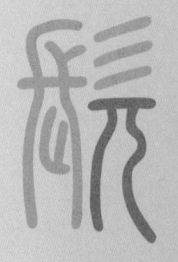

小篆

髡

隶书

遇到"兀（wù）"字，
就变成了"髡（kūn）"字。

施以髡刑，剃去头发。

小篆

髦

隶书

遇到"毛"字，
就变成了"髦（máo）"字。

打扮时髦，新颖入时。

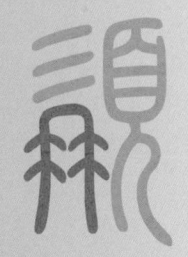

小篆

髯

隶书

遇到"冉（rǎn）"字，
就变成了"髯（rán）"字。

髯是颊（jiá）须，有时也指胡子。虬（qiú）髯公是古书里的一位老翁，腮两边的胡子拳曲向上。美髯公，指的是胡须很长、很漂亮的男子。

小篆

髫

隶书

遇到"召"字,
就变成了"髫（tiáo）"字。

垂髫牧子行牵父,戴白山翁坐拥孙。垂髫是儿童头上自然下垂的短发,借指三四岁到七八岁的儿童。八九岁的儿童发型为"总角",头发扎成左右两个发结,形如两角。

小篆

髭

隶书

遇到"此"字,
就变成了"髭（zī）"字。

春风不染白髭须。口上为髭,口下为须。髭是嘴上边的胡子,须是嘴下边的胡子。

小篆

鬏

隶书

遇到"秋"字，
就变成了"鬏（jiū）"字。

梳个小抓鬏，头顶冲天鬏。"鬏"是一种发结。

小篆

鬟

隶书

遇到"鸆（huán）"字，
鸟儿惊飞，就变成了
"鬟（huán）"字。

云鬟为环形发结，高耸（sǒng）入云。

身字旁

我是身字旁。
我长这个样子：

打字的时候，
你打"shēn"，
我就会现身。

我的祖先很酷。它们长这个样子：

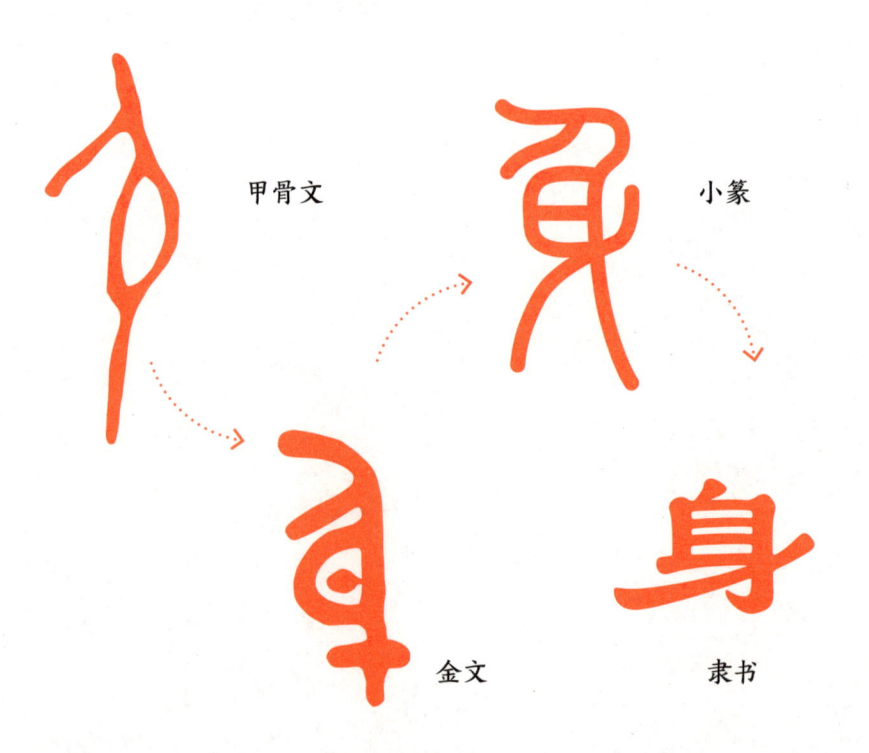

甲骨文

小篆

金文

隶书

你看我的甲骨文祖先,像不像简化了头部和四肢的人体?金文祖先的腹部,是不是增加了一点?腿部是不是增加了一横?增加的这一点和一横,是不是表示对腹部和腿部的突出和强调?

后来,是不是慢慢演变成了一撇一竖、一个横折钩和三横一撇?

我的故事

我呀,其实就是那个"身"字,最初的意思是包括头、手、腹、腿等部位在内的躯体,也就是人的身体。

孔子曰:"身也者,亲之枝也,敢不敬与?"

曾子曰:"身也者,父母之遗体也。行父母之遗体,敢不敬乎?"

在孔子和曾子看来,我既是父母身体的分枝,同时也是父母遗留下来的骨肉。拿这样的身体来行事,一定要懂得敬重和爱惜。

"身临其境"和"身先士卒"里的我,意思是亲身和自身。身体是自己的,身体的动作即是自身的动作。

"以身殉（xùn）职"和"舍身炸碉（diāo）堡"里的我，是用来借指生命。身体没了，生命自然也就没了。

"身败名裂"里的我，指的是地位。每个人都有自己的地位。一旦地位丧失，名声扫地，就难以在世上立足。

有时候，我也专指头部以外的身体。"身首分离"和"身首异处"里的我，即是此种用法。

有时候，我还被借用为量词。"一身衣服""一身汗""一身正气"里的我，都是这种用法。

曾子曰："吾日三省（xǐng）吾身：为人谋而不忠乎？与朋友交而不信乎？传不习乎？"

我本身就是"身"。我每日也要"三省吾身"。

我喜欢身心舒展和天地任我行的自由感觉，也喜欢以身作则和身体力行的踏实感觉。

万事万物都有自己的身份。人有人身，树有树身，鸟有鸟身。船桥有船桥之身，刀笔有刀笔之身，牛马有牛马之身。好好修身养性，才能立身处世。

"慈母手中线，游子身上衣。"（出自唐·孟郊《游子吟》）

"身轻一鸟过，枪急万人呼。"（出自唐·杜甫《送蔡希曾都尉还陇右，因寄高三十五书记》）

很多古诗词里都有我的身影。

我来造字

我们这个家族的汉字,主要和身体有关。

我总是待在我朋友的左边。

因为我是以"身"字的身份做偏旁,所以大家都叫我"身字旁"。

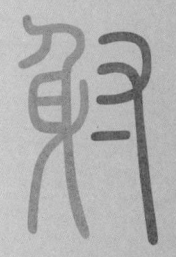

小篆

射

隶书

我遇到"寸"字,
就变成了"射"字。

射人先射马,擒贼先擒王。

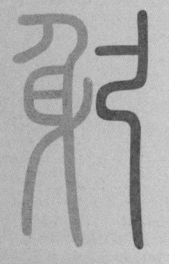

小篆

躬

隶书

遇到"弓"字,
就变成了"躬"字。

鞠(jū)躬尽瘁(cuì),死而后已。

小篆

躯

隶书

遇到"区"字,
就变成了"躯"字。

捐躯赴(fù)国难,视死忽如归。

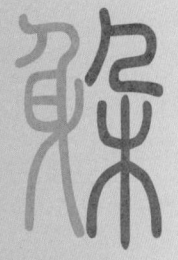

小篆

躲

隶书

遇到"朵"字,
就变成了"躲"字。

到你心里躲一躲。

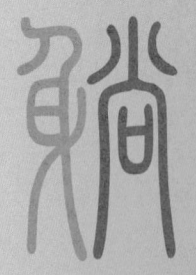

小篆

躺

隶书

遇到"尚"字,
就变成了"躺"字。

累了就躺一躺。

心字旁

我是心字旁。
我长这个样子：

打字的时候，
你打"xīn"，
我就会现身。

我的祖先很酷。它们长这个样子：

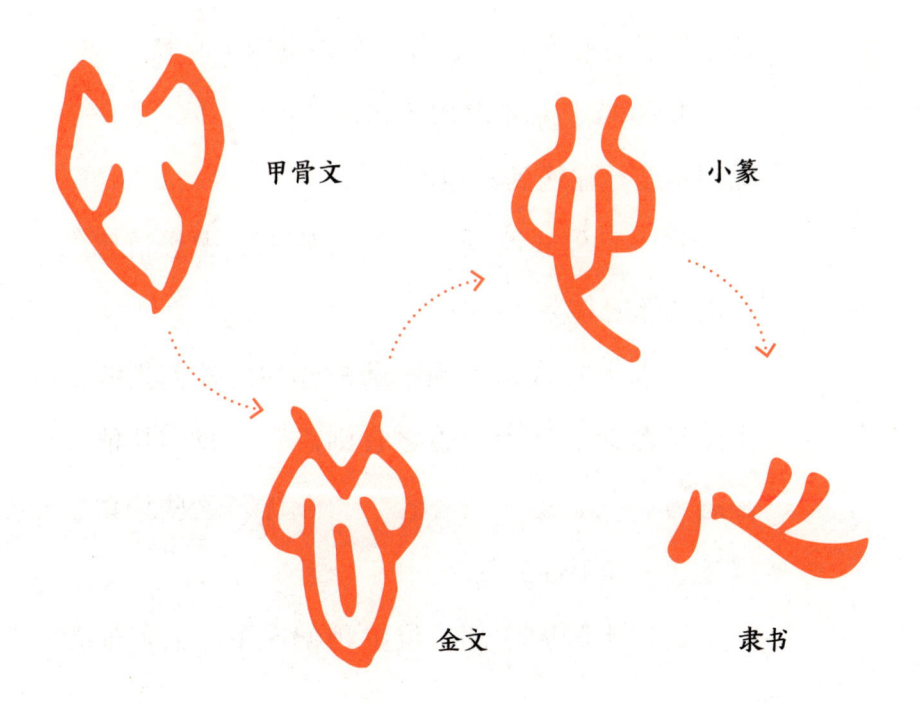

甲骨文

小篆

金文

隶书

你看我的甲骨文祖先，像不像心脏的形状？上方开口处，是不是静脉和动脉所在的位置？中间那两点，是不是代表心房和心室之间的房室瓣？

到了我这一辈，是不是最终演变成了一点、一个卧钩和另外两点？

我的故事

我呀，其实就是那个"心"字，最初的意思是心脏。

我像一个倒置的桃子，大小和拳头差不多。

我身上的房室瓣，正好将内部隔开，隔成了右心房、右心室和左心房、左心室四个心腔。

我相当于人体内的压力泵（bèng），把血液源源不断地输送到其他部位。

我一旦停止跳动，人就会死去，思想情感之花也会随之枯萎（wěi）。

古人当时认识不到头脑的作用。他们把我当作思维器官，认为"心之官则思"，我的功能就是思考。"心思""心念""心忧"这些词语，都是这一局限性的反映。

我位于胸腔中部，位置稍偏左下。人们通常

用我来表示物体的中间部位或者主要部分。"湖心""掌心""中心"，就都含有这层意思。"花心"指的是花蕊（ruǐ），花的中心部位。

"南北各万里，有云心更闲。"（出自唐·于武陵《孤云》）

"珍重主人心，酒深情亦深。"[出自唐·韦庄《菩萨蛮（劝君今夜须沉醉）》]

很多古诗词里都有我的身影。

我来造字

我们这个家族的汉字，主要和心理活动有关。

我通常待在我朋友的脚下，有时候也跑到其他位置。

因为我是以"心"字的身份做偏旁，所以大家都叫我"心字旁"。

小篆

思

隶书

我遇到"田"字，就变成了"思"字。

学而不思则罔（wǎng）。

小篆

感

隶书

遇到"咸"字，
就变成了"感"字。

不知你有何感想。

小篆

愁

隶书

遇到"秋"字，
就变成了"愁"字。

伯虑愁眠，是说伯虑国的人担心一觉睡去，会长眠不醒。

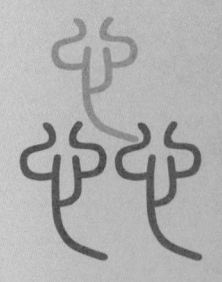

小篆

惢

隶书

遇到我弟弟和我妹妹，
就变成了"惢（suǒ）"字。

三心为惢，心生疑虑。

小篆

忐

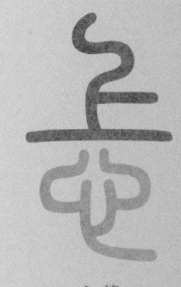

隶书

遇到"上"字，
就变成了"忐"字。

忐（tǎn）忑（tè）不安。

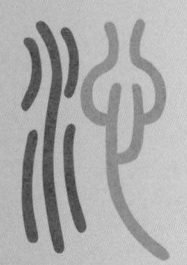

小篆

沁

隶书

遇到三点水（氵），
就变成了"沁（qìn）"字。

花香沁人心脾。

小篆

忝

隶书

遇到"天"字,
就变成了"忝(tiǎn)"字。

我忝列门墙,愧在师门。忝是谦辞,表示辱没他人,自己有愧。

小篆

恭

隶书

遇到"共"字,
就变成了"恭"字。

恭敬不如从命。

竖心旁

我是竖心旁。
我长这个样子：

忄

打字的时候，
你打"xīn"，
我就会现身。

我的祖先很酷。它们长这个样子：

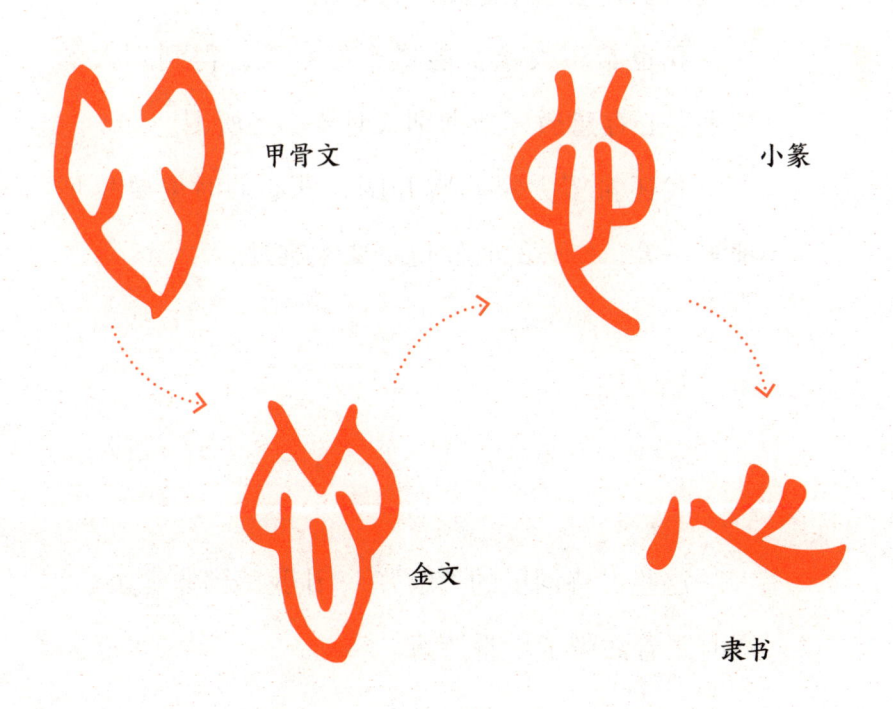

甲骨文

小篆

金文

隶书

你看我的甲骨文祖先，像不像心脏的形状？上方开口处，是不是静脉和动脉所在的位置？中间那两点，是不是代表心房和心室之间的房室瓣？

到了我这一辈，是不是最终演变成了两点一竖？

我的故事

我呀，其实就是那个"心"字，是它分化出来的写法，最初的意思是心脏。

我是人体内输送血液的重要器官，生命不息，跳动不止。

我希望大家都能做个有心人，用心发现生活之美，全心全意做好每一件事情。

我也希望大家都能做个好心人，得到别人的帮助要心存感激，帮助别人时要心无所图。

我还希望大家心胸开阔，开心的时候要尽情地笑一笑，伤心的时候也不要太难过。

"感时花溅泪，恨别鸟惊心。"（出自唐·杜甫《春望》）

"心思不能言，肠中车轮转。"（出自汉·佚名《悲歌》）

这些古诗词里的"心"字，让我感到非常亲切，同时跟着沾染了一番诗意。

我来造字

我们这个家族的汉字，主要和心理活动有关。

我总是待在我朋友的左边。

因为我是由"心"字分化而来，中间那个点和斜钩连成了一竖，看起来好像"心"字竖了起来似的，所以大家都叫我"竖心旁"或者"竖心"。

小篆

忆

隶书

我遇到"乙"字，
就变成了"忆"字。

追忆似水流年。

"忆"是"憶"的简化字。

小篆

怜

隶书

遇到"令"字，
就变成了"怜"字。

狮子顾影自怜，小狗小猫同病相怜。

"怜"是"憐"的简化字。

小篆

悔

隶书

遇到"每"字，
就变成了"悔"字。

追悔莫及。

小篆

怕

隶书

遇到"白"字，
就变成了"怕"字。

事情并没有那么可怕。

小篆

惜

隶书

遇到"昔（xī）"字，
就变成了"惜"字。

海棠不惜胭脂色，独立蒙蒙细雨中。

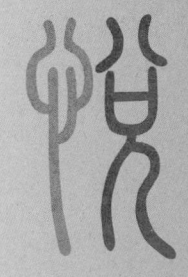

小篆

悦
隶书

遇到"兑（duì）"字，
就变成了"悦（yuè）"字。

山光悦鸟性，潭影空人心。

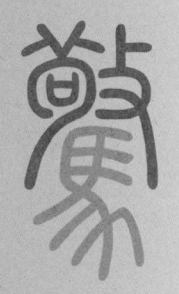

小篆

惊
隶书

遇到"京"字，
就变成了"惊"字。

月出惊山鸟，时鸣春涧中。
"惊"是"驚"的简化字。

选自欧阳询书《九成宫醴泉铭》

下請建離宮庶可
怡神養性聖上
愛一夫之力惜十
家之產深閉固拒
未肯俯從以爲隨

名帖赏析

《九成宫醴（lǐ）泉铭》，又名《九成宫碑》，唐贞观六年（632年）由魏征撰文、欧阳询书写。欧阳询楷书法度严谨，于平正之中见险绝，世称"欧体"，有"楷书极则"之誉，位居"楷书四大家"（欧阳询、颜真卿、柳公权、赵孟頫）之首。《九成宫醴泉铭》左敛右纵，字形窄长，刚劲婉润，被誉为"天下第一楷书"。

目字旁

我是目字旁。
我长这个样子：

打字的时候，
你打"mù"，
我就会现身。

我的祖先很酷。它们长这个样子：

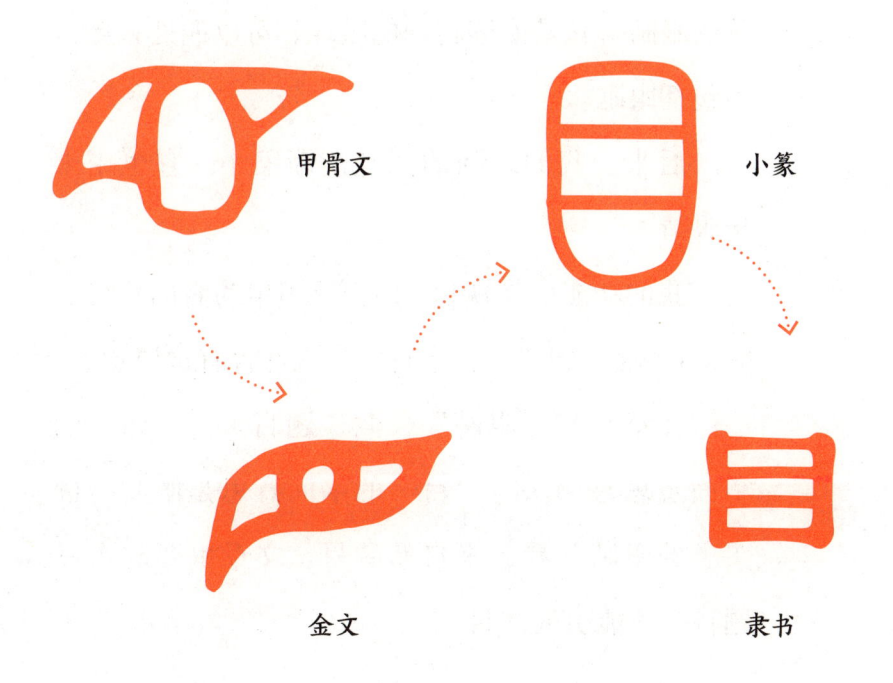

甲骨文

小篆

金文

隶书

你看我的甲骨文祖先，像不像人的眼睛？

后来，整体是不是立了起来？眼眶是不是演变成了一个方框？眼珠是不是演变成了两横？

我的故事

我呀，其实就是那个"目"字，最初的意思是眼睛。

古时候，有个"眼"字。它用我做偏旁，出现得要比我晚，是我的晚辈。我是带有眼眶和眼珠的眼睛。它是能够转动的眼珠，可以四处张望，不包括眼眶。

后来，我们之间的区别渐渐缩小。它也用来指眼睛。

我的功能就是视物，因而还引申为看的意思。"一目了然"和"一目十行"，就都含有这层意思。

文章也有"眼睛"，叫"题目"。"题"的字面意思是额头。"目"的字面意思是眼睛。额头上的眼睛，看起来自然醒目。文章也要起个好题目，才能引人注目。

看人的时候，一般都会看向他头上的眼睛。头领也是大家注视的焦点所在。人人都要听他的号令行事。头领因此也叫"头目"。

人们习惯用我来借指网眼。"纲举目张"就是这种用法。只要提起渔网上的总绳撒网，所有的网眼自然就都张开了。

我还是生物学中的一级分类，属于界、门、纲、目、科、属、种七级分类中的第四级。比如苹果，就属于植物界、被子植物门和双子叶植物纲中的蔷（qiáng）薇（wēi）目。

"目送归鸿，手挥五弦。"[出自晋·嵇康《赠秀才入军（其十四）》]

"满目山河空念远，落花风雨更伤春。"[出自宋·晏殊《浣溪沙（一向年光有限身）》]

很多古诗词里都有我的身影。

我来造字

我们这个家族的汉字，主要和眼睛有关。

我通常待在我朋友的左边，有时候也跑到其他位置。

因为我是以"目"字的身份做偏旁，所以大家都叫我"目字旁"。

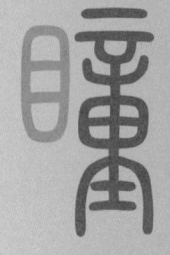

小篆

瞳
隶书

我遇到"童"字，
就变成了"瞳"字。

瞳孔又叫"瞳仁"，是眼球中间虹膜上的小孔。

小篆

瞬
隶书

遇到"舜"字，
就变成了"瞬"字。

瞬时是一眨眼的时间。
"瞬"原本是"瞚"的异体字，现在以"瞬"为正体字。

小篆

睡
隶书

遇到"垂"字，
就变成了"睡"字。

垂下眼皮，坐着打瞌（kē）睡。

小篆

瞰

隶书

遇到"敢"字,
就变成了"瞰（kàn）"字。

"鸟瞰"的同义词是"俯瞰"。

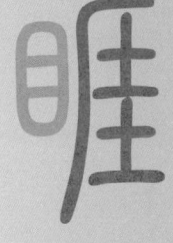

小篆

睚

隶书

遇到"厓（yá）"字,
就变成了"睚（yá）"字。

睚是眼眶,眦（zì）是眼角。"睚眦"借指瞪视,通常用来形容被人瞪了一眼那样小的仇怨。睚眦必报,此举不可取。

小篆

瞥

隶书

遇到"敝"字,
就变成了"瞥（piē）"字。

目光掠过,惊鸿一瞥。

首字旁

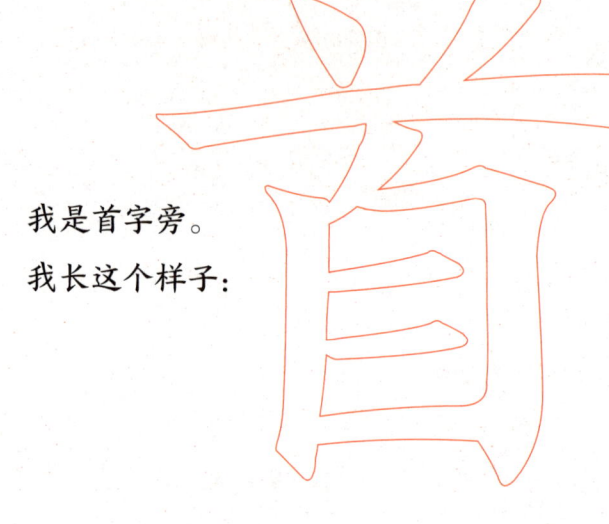

我是首字旁。
我长这个样子：

打字的时候，
你打 "shǒu"，
我就会现身。

我的祖先很酷。它们长这个样子：

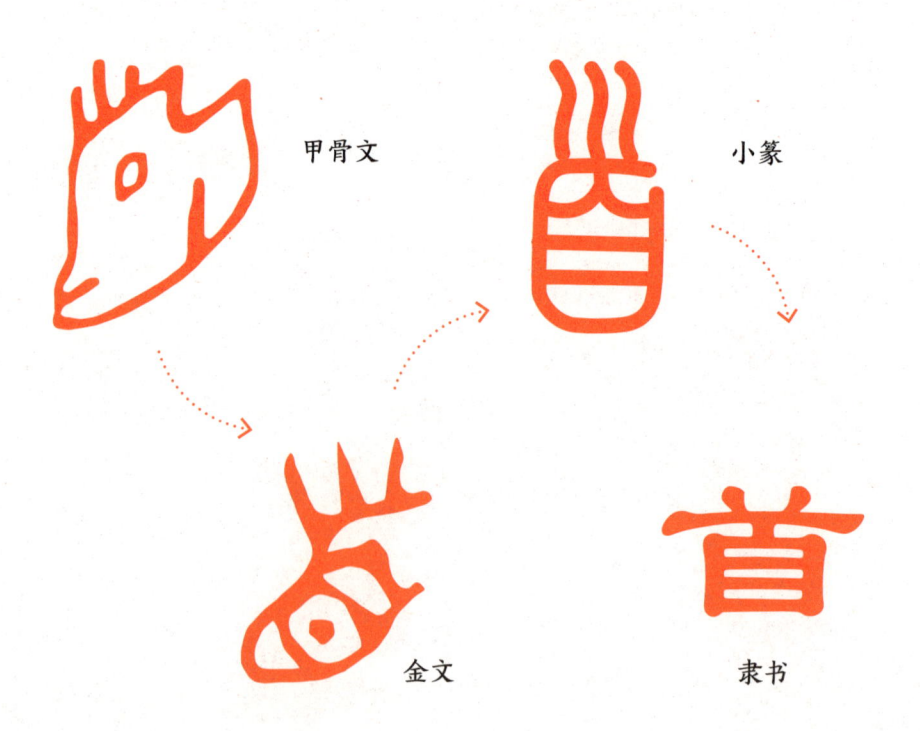

甲骨文

小篆

金文

隶书

你看我的甲骨文祖先，像不像头发、眼睛、嘴巴和后脑勺俱全的人头形状？金文祖先是不是只保留了头发、头皮和一只眼睛？这只眼睛，是不是含有以目代头的意味？

后来，是不是慢慢演变成了一点一撇、一横一撇和一个"目"字？

我的故事

我呀，其实就是那个"首"字，最初的意思是人头。

也有人说，我的甲骨文祖先看起来像是牛羊之类的兽头。其实，它只是碰巧像极了兽头而已。它的真实身份是人头无疑。

人头包括脸面、嘴巴、眼睛、鼻子、耳朵、后脑勺和头发等很多部分，全部画出来会有些困难。古人干脆采取简笔画的方式，省去鼻子和耳朵，先画出从下巴到头顶和后脑勺的轮廓（kuò），接着画出眼睛、头发和嘴巴，最后再增加一竖，表明后脑勺所在区域，人头的形象随之跃然而出。

古时候，我经常省去头上的一点和一撇，简

写为"百（shǒu）"。

我是人身体最顶端和动物身体最前面的部位，是行动指挥中枢（shū）。"首先""首要""元首""首都"这些词语，都体现出了我的位置优势和重要功能。

我本身就是人头。我和"级"字组成"首级"一词后，指的还是人头。只不过，这时的人头已经身首异处，指的是斩下来的人头。秦朝时候，实行军功爵（jué）制，交战时，"斩一人首，赐（cì）爵一级"，遂以"首级"指代人头。

我和"肯"字组成"首肯"一词，相当于"以首肯"，意思是用点头来表示许可和同意。想想看，人们表示许可和同意的时候，是不是通常会点点头？

古人屈指计数时，首先会弯下大拇指，用来表示数目一，然后依次弯下其他手指，递次而计。"首屈一指"，屈的就是大拇指。人们习惯用这个词语来表示处于首位，位居第一。

我喜欢看到大家"昂首挺胸"的样子，而不是垂头丧气。心情不好的时候，可以"唱首歌"或者"吟首诗"。

我佩（pèi）服那些勇于"自首"，有罪自陈的人。他们勇气可嘉。

发现他人有罪时，我会犹豫不决，不知要不要"出首"他。出头告发他人同样需要勇气。

"举头红日近，回首白云低。"（出自宋·寇准《咏华山》）

"出门搔（sāo）白首，若负平生志。"[出自唐·杜甫《梦李白二首（其二）》]

很多古诗词里都有我的身影。

我来造字

我们这个家族的汉字，主要和头部有关。

我通常待在我朋友的怀里，有时候也跑到其他位置。

因为我是以"首"字的身份做偏旁，所以大家都叫我"首字旁"。

小篆

隶书

我遇到"九"字，就变成了"馗（kuí）"字。

钟馗捉鬼。馗为九向之路，四通八达。

小篆
道
隶书

遇到走之旁（辶），
就变成了"道"字。

蜀道之难，难于上青天。

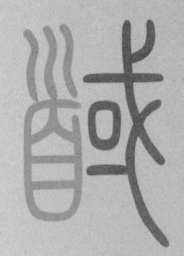

小篆
聝
隶书

遇到"或"字，
就变成了"聝（guó）"字。

"馘"是杀敌后取其头颅（lú），"聝（guó）"是割其左耳。两者都是古代统计战功的依据。自从《说文解字》将"馘"字列为"聝"字的异体字后，"馘""聝"二字开始混为一谈，都指割掉敌人的左耳计数报功，同时也指所割下的左耳。

选自赵孟頫书《妙严寺记》

部经适双径佛智偃谿
闻禅师飞锡至止遂以
妙岩易东际之名深有
旨哉其徒古山道安同
志合虑募缘建前后殿

名帖赏析

赵孟頫（1254-1322），字子昂，吴兴（今浙江湖州）人。宋末元初著名画家、书法家，主张书画同源，书法以楷书、行书著称。《妙严寺记》，全称为《湖州妙严寺记》，牟巘（yǎn）撰文，赵孟頫书写并篆额，笔画舒张，字迹匀称，端雅雄逸，为赵孟頫楷书代表作之一。

页字旁

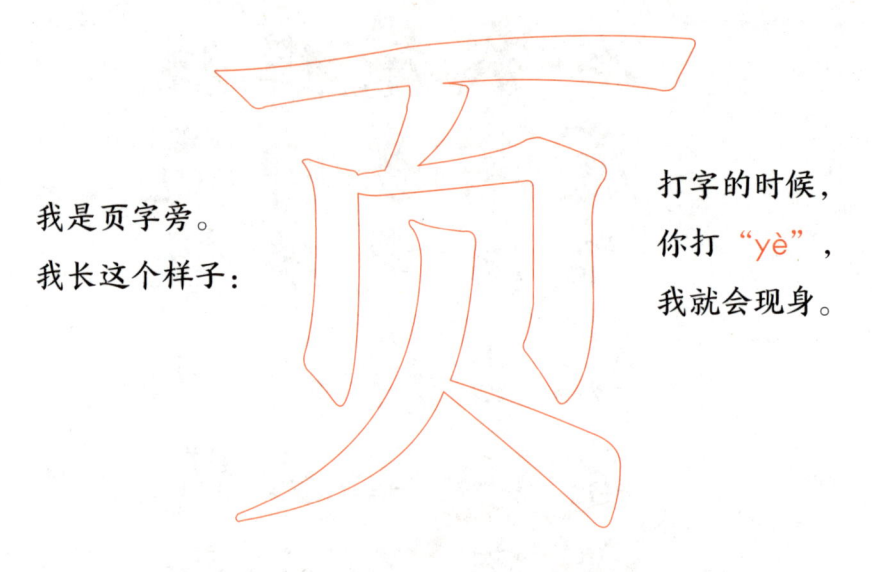

我是页字旁。
我长这个样子：

打字的时候，
你打"yè"，
我就会现身。

我的祖先很酷。它们长这个样子：

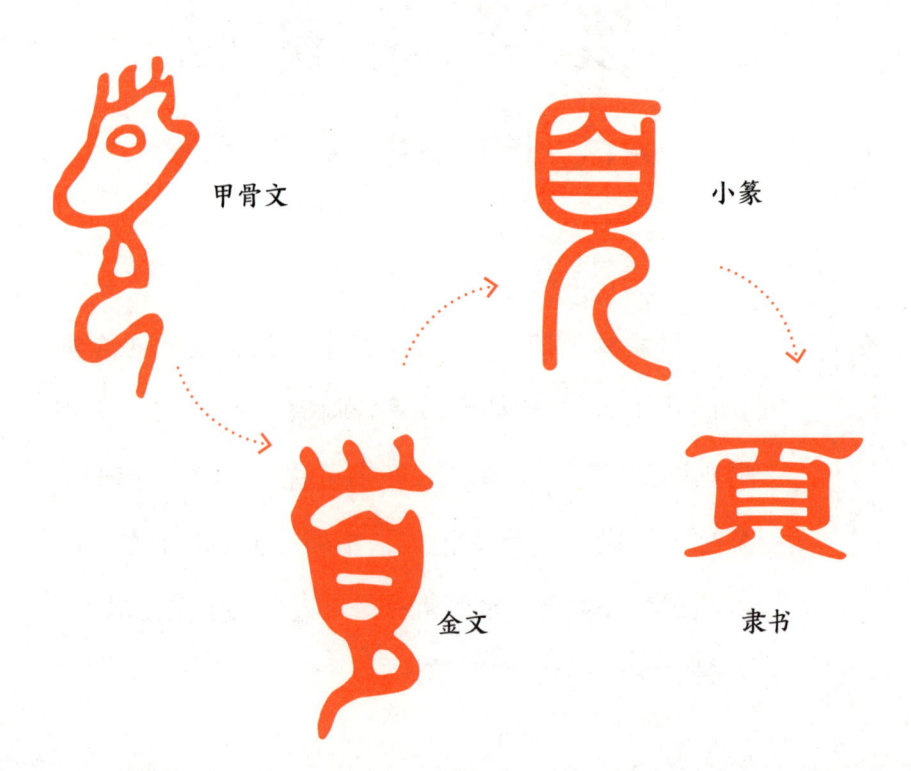

甲骨文

小篆

金文

隶书

你看我的甲骨文祖先，像不像是跪坐之人？是不是醒目地画出了从下巴到后脑勺，再到头顶的轮廓（kuò）？头上那三竖和那个小圆圈，是不是分别代表头发和眼睛？金文祖先是不是以目代头，只保留了头发、头皮、一个"目"字和一个人形？小篆祖先是不是演变成了"首"字的省写形式和人形的组合体？

到了我这一辈，是不是最终演变成了一横一撇、一竖、一个横折和一撇一点？

我的故事

我呀，其实就是那个"页"字，是"頁"的简化写法，最初的意思是人头。

最早的时候，我读音为"xié"。"葉（yè）"是"叶"的繁体字，最初的意思是树叶。同时，它也作为量词，经常出现在"一葉纸"和"两葉纸"等词语当中。

每个人头都有一张单独的面孔。每葉纸也都有一个独立的身份。"葉"字干脆假借我的形象，由我代替它来表达量词这层意思。我的读音也随之变为"yè"。

我被假借为量词以后，人们另造一个"頭（tóu）"字，代替我来表达人头这层意思。"頭"字后来又简化为"头"。

"扉（fēi）页"和"活页"里的我，指的都是一张纸。

"《发明大王在小人国》一共有149页，请翻到第7页。"这里面的我，指的都是一个页码，一张纸的一面。

"网页"里的我，指的是打开互联网网站后，显示出的界面。这个界面，因形似一页纸而得名。

"低头弄莲子，莲子清如水。"（出自南北朝·佚名《西洲曲》）

"风住尘香花已尽，日晚倦梳头。"（出自宋·李清照《武陵春·春晚》）

这些古诗词里的"头"字，让我感到非常亲切，同时跟着沾染了一番诗意。

我来造字

我们这个家族的汉字，主要和头部有关。

我通常待在我朋友的右边，有时候也跑到其他位置。

因为我是以"页"字的身份做偏旁，所以大家都叫我"页字旁"。

小篆

题

隶书

我遇到"是"字，
就变成了"题"字。

题写匾额。

小篆

颅

隶书

遇到"卢"字，
就变成了"颅（lú）"字。

拼将十万头颅血，须把乾(qián)
坤(kūn)力挽回。
"颅"是"顱"的简化字。

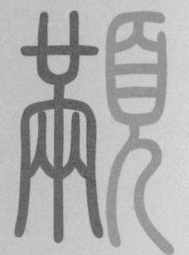

小篆

颟

隶书

遇到草字头（艹）和"两"字，
就变成了"颟"字。

颟（mān）顸（hān）是指脸盘
很大的样子，用来形容做事不明
事理，马虎敷（fū）衍（yǎn）。

小篆

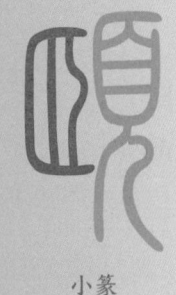

颐

隶书

遇到"𦣞(yí)"字，就变成了"颐(yí)"字。

"𦣞"是指事法造字，最初形如"𦣞(yí)"字的右偏旁，好像人的侧脸，中间一竖悬垂于中，右不封口，所指部位即为腮颊(jiá)。它是"颐"字最早的写法，意思是面颊和腮部。支颐是以手托腮，托腮的同时往往也托着下巴。解颐即开颊，面颊松开，开颜而笑。朵颐是鼓动腮帮嚼(jiáo)食东西，可能是取鼓起来的腮帮形似花骨朵之义，将名词用作动词，"朵"字因而有了鼓动的意思。颐指气使是用面部表情和气色指使别人做事。

遇到"耑（duān）"字，就变成了"颛（zhuān）"字。

颛臾（yú）古国乃太昊（hào）伏羲（xī）后裔（yì）所建，是夏朝和商朝时期的方国，周朝的诸侯国和鲁国的附庸（yōng）国。颛臾王居蒙山之阳，平时都是由他代替周王祭祀（sì）蒙山。颛顼（xū）大帝乃"五帝"之一，为黄帝后裔，昌意或韩流之子。"颛"的意思是头容安定，形容拘谨、老实，引申为善良、蒙昧。"顼"的意思是头饰美玉，面容谨悫（què），形容谨慎、诚实。"臾（yú）"的意思是两手捧一人，即奉承，也就是阿谀（yú）。由此又引申出关系良善和土地肥腴（yú）等意思。谀和腴，都是由它分化而来。如今，颛顼和颛臾的本义都已经难以考证。如果必须给出一个答案的话，不妨将它们解释为诚实良善之人和肥腴良善之地。

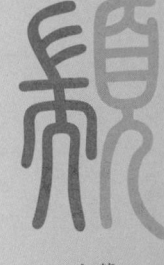

小篆

颛

隶书

面字旁

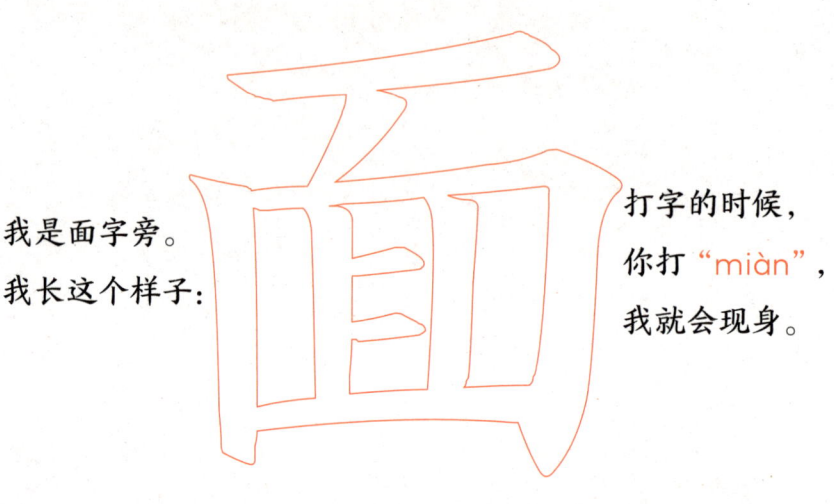

我是面字旁。
我长这个样子：

打字的时候，
你打 "miàn"，
我就会现身。

我的祖先很酷。它们长这个样子：

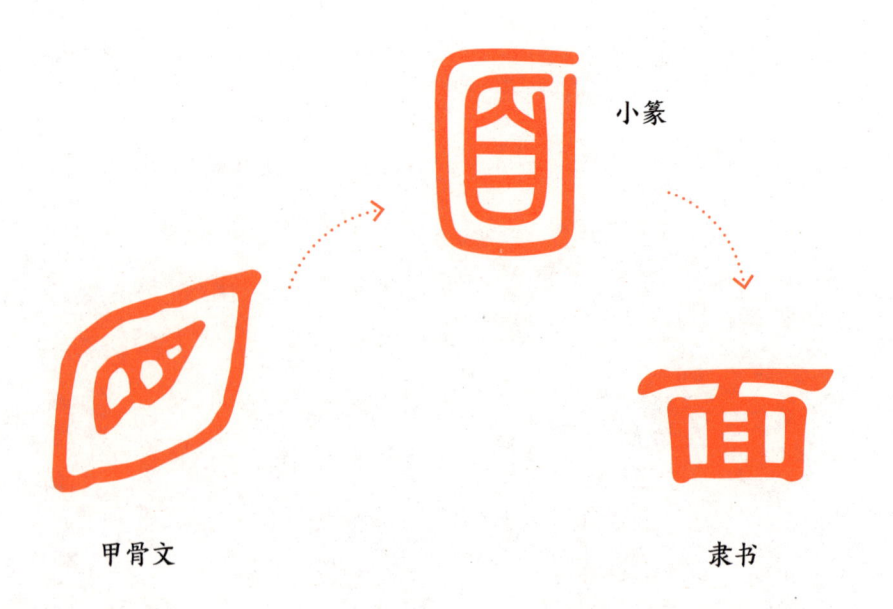

小篆

甲骨文

隶书

你看我的甲骨文祖先，像不像带有眼睛的人脸？是不是醒目地画出了从下巴到左右两耳，再到额头的轮廓（kuò）？小篆祖先的脸廓，是不是演变成了长方形？眼睛是不是演变成了"首"字的省写？

后来，脸廓是不是慢慢演变成了一个"口"字？眼睛是不是演变成了一个"目"字？上面增加的那一横，是不是代表头部？连接头部和脸廓的那一撇，是不是表示脸廓处于头部，属于头部的一部分？

我的故事

我呀，其实就是那个"面"字，最初的意思是人脸，也就是上到额头，下到下巴，左右到双耳之间的部位。

脸为目之所在。目是脸部最醒目的部位。古人因而选择了脸廓和眼睛，用它们造出了我的甲骨文祖先。

"脸"的繁体字是"臉"。它最初是指目下颊（jiá）上的部位，即脸颊上部的颧（quán）骨部位，同时也借指脸颊。"疑怪昨宵春梦好，元是今朝斗草赢，笑从双脸生。"这里的"双脸"，指的就是双颊。如果当成"两张脸"来理解，那会让人当成笑话。

后来，"脸"的词义扩大，泛指整个面部，意思变得和我一样。它倾向于口头用语，我侧重于书面用语。平时，大家都说"洗脸"，很少有说"洗面"的。商场里卖的"洗面奶"，从来也不叫"洗脸奶"。

"麪（miàn）"和"麵（miàn）"二字，最初的意思都是小麦粉，读音都和我一样。它们笔画烦琐（suǒ），写起来麻烦，干脆都简化成我的样子。我开始一身二用，既指脸面，也指面粉。

汉字简化以后，很多字合并成一个字，精准性虽然有所损害，表义却更加丰富。我身上的担子虽然加重了，但是毫无怨言。我喜欢同各色面目的事物打交道，喜欢和它们融为一体。

两人相互见面时，首先看到的就是面部，故用我来借指见面的次数。"见过一面"，即是见过一次。"一面之交"，指的是见过一次面的交情。

"一面旗""一面镜子""一面鼓"里面的我，都借用为量词。这些物件，或有旗面，或有镜面，或有鼓面，面面都是关键之处和醒目之处。

人们也习惯用我来借指物体的四面。有上面、下面、前面和后面，有外面、里面、左面和右面，还有东面、西面、南面和北面。

"面瓜"指的则是一种熟透了以后，像面粉一样绵软的瓜。人们常以此来借指性格软弱，老实可欺之人。

"君非青铜镜，何事空照面？"（出自唐·李益《游子吟》）

"开轩（xuān）面场圃（pǔ），把酒话桑麻。"（出自唐·孟浩然《过故人庄》）

很多古诗词里都有我的身影。

我来造字

我们这个家族的汉字，主要和脸面有关。

我通常待在我朋友的右边，有时候也跑到其他位置。

因为我是以"面"字的身份做偏旁，所以大家都叫我"面字旁"。

小篆

俪

隶书

我遇到单人旁（亻），就变成了"偭（miǎn）"字。

偭规越矩，违背法度。

小篆

涵

隶书

遇到三点水（氵），
就变成了"涵（miǎn）"字。

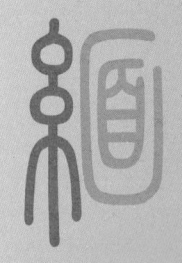

沉涵于往事。

小篆

缅

隶书

遇到绞丝旁（纟），
就变成了"缅（miǎn）"字。

缅怀古人节，思酬明主恩。

小篆

腼

隶书

遇到"月"字，
就变成了"腼"字。

未语人前先腼(miǎn)腆(tiǎn)。

小篆

靥

隶书

遇到"厌"字，
就变成了"靥(yè)"字。

笑靥如花。

选自王羲之书《临钟繇千字文》

名帖赏析

　　王羲之，琅琊临沂（今山东临沂）人，东晋著名书法家，有"书圣"之称。《临钟繇（yáo）千字文》现存于北京故宫博物院，帖前衔款"魏太尉钟繇千字文右军将军王羲之奉敕（chì）书"。此帖系唐、宋年间伪作，虽非书圣真迹，但"书法藻丽，结体茂密"，颇有王羲之行书风貌，具有一定的艺术价值。

色字旁

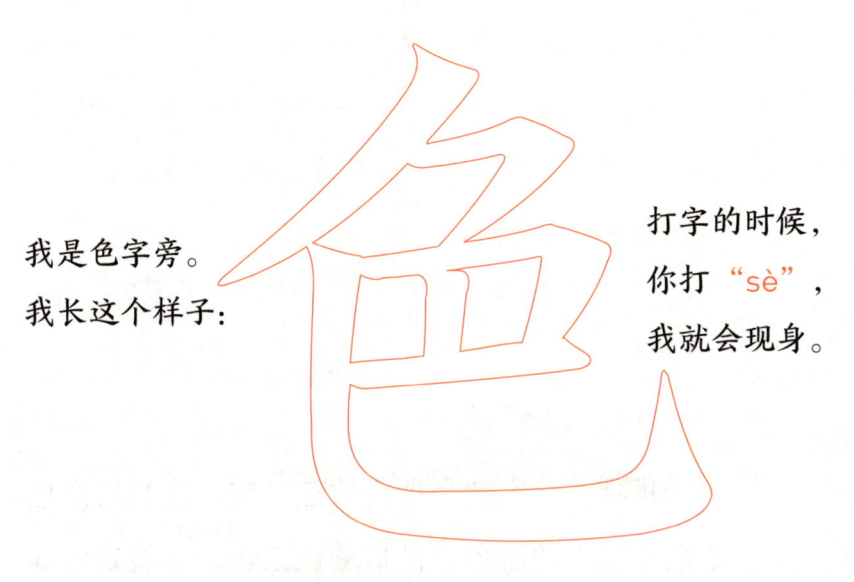

我是色字旁。
我长这个样子：

色

打字的时候，
你打"sè"，
我就会现身。

我的祖先很酷。它们长这个样子：

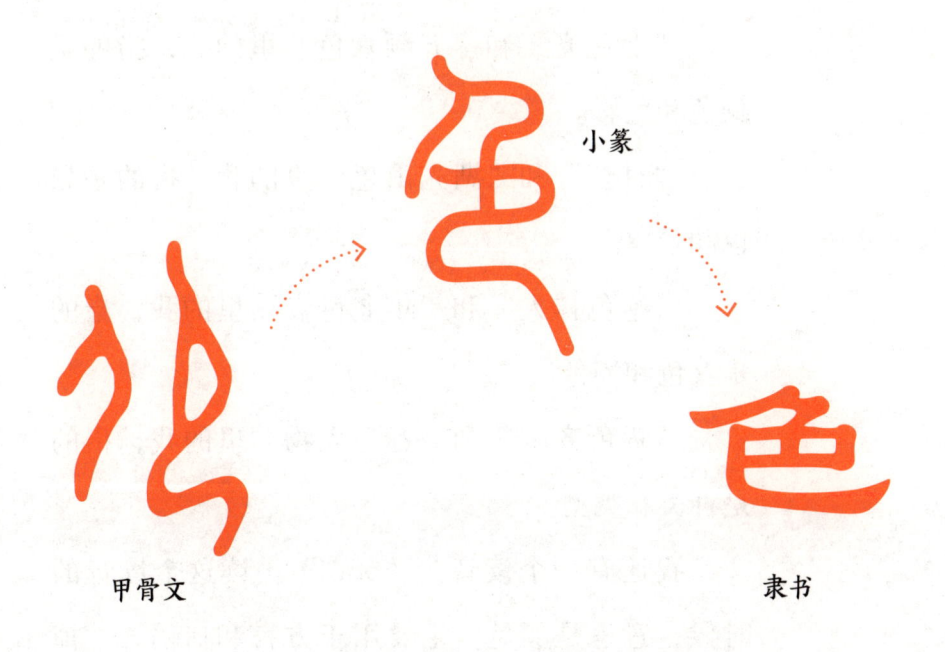

小篆

色

甲骨文　　　　　　　　　　隶书

你看我的甲骨文祖先，像不像一人站立，一人席地而坐的形状？站立之人地位低下，是不是需要看席地而坐之人的脸色行事？小篆祖先是不是演变成了一人驮着另外一人的形状？

后来，是不是慢慢演变成了一撇、一个横钩和一个"巴"字？

我的故事

我呀，其实就是那个"色"字，最初的意思是迎合别人的脸色，借指颜面之色，也就是面部神色。

我由面部神色又引申出很多意思。

"七色光"和"五颜六色"里的我，指的是颜色和色彩。

"月色"和"湖光山色"里的我，指的是景色和景象。

"绝色佳人"和"年老色衰"里的我，指的是女色和姿色。

"货色齐全"和"各色人物"里的我，指的是种类和类型。

我还有一个读音为"shǎi"。读这个读音的时候，意思是颜色，主要用于方言和口语。"掉色""褪（tuì）色""变色"，都是这种用法。

佛教《心经》里有句话："色不异空，空不异色，色即是空，空即是色。"这句话绕晕了很多人，搞不清它的真实含义。有人说，我在这里面的意思，指的是现实世界中的一切事物，也就是物质的外在形象。"空"则是虚空，是物质虚幻的内在本性。万事万物都是虚实相生，色空并存。

孔老夫子说："巧言令色，鲜矣（yǐ）仁。""巧言令色"，即是巧妙的言辞、和善的脸色。我不知道花言巧语、伪装和善之人，是否真的缺少仁心。反正我自己总是保持一颗平常心，从不为了讨好或者欺骗别人，而变换自己的脸色。

"过桥分野色，移石动云根。"（出自唐·贾岛《题李凝幽居》）

"回眸一笑百媚生，六宫粉黛（dài）无颜色。"（出自唐·白居易《长恨歌》）

很多古诗词里都有我的身影。

我来造字

我们这个家族的汉字，主要和脸色有关，和色彩有关。

我总是待在我朋友的右边。

因为我是以"色"字的身份做偏旁，所以大家都叫我"色字旁"。

小篆

艳
隶书

我遇到"丰"字,
就变成了"艳"字。

山丹丹开花红艳艳。
"艳"是"艷"的简化字。"艷"原本是"豔（豔）"的异体字，后来变成了正体字，再后来又简化成了"艳"。

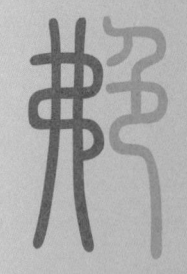

小篆

艴
隶书

遇到"弗（fú）"字,
就变成了"艴（fú）"字。

艴然不悦，勃然大怒。

小篆

铯
隶书

遇到金字旁（钅），就变成了"铯（sè）"字。

铯是金属元素，有铯原子钟，还有铯离子火箭。

小篆

绝
隶书

遇到绞丝旁（纟），就变成了"绝"字。

千山鸟飞绝，万径人踪灭。

耳字旁

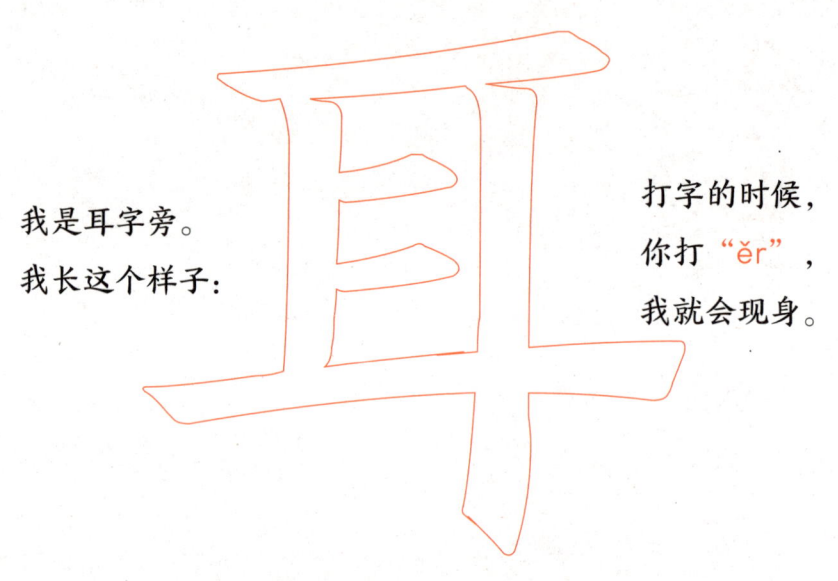

我是耳字旁。
我长这个样子：

打字的时候，
你打"ěr"，
我就会现身。

我的祖先很酷。它们长这个样子：

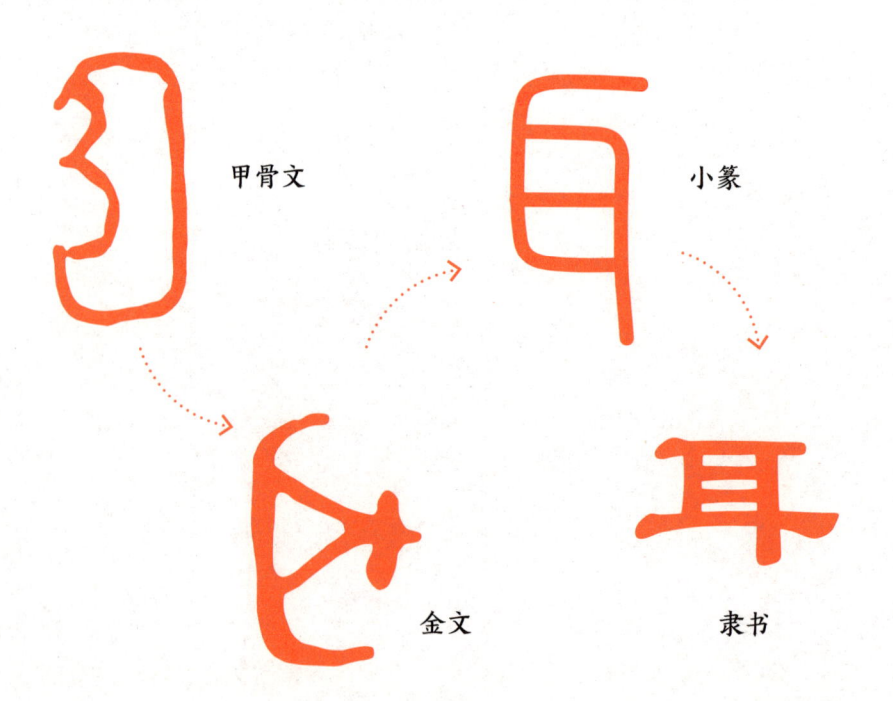

甲骨文

小篆

金文

隶书

你看我的甲骨文祖先,像不像人耳朵?金文祖先身上那个边框,是不是代表耳廓(kuò)?里面那个漏斗形的笔画,是不是代表耳道?耳道末端那一竖,是不是表示对耳朵听力功能的突出和强调?

后来,是不是慢慢演变成了一横一竖和一竖三横?

我的故事

我呀,其实就是那个"耳"字,最初的意思是人耳朵,也泛指所有动物的耳朵。

我是眉、眼、耳、鼻、口"面部五官"之一,主管听觉和平衡。"耳闻目睹"和"隔墙有耳",都和我有关。内耳中有一个前庭器官。这个器官过于敏感的人,容易晕车晕船,引起恶心和呕吐等反应。

我和"目"字可以组成"耳目"一词。人人都希望自己"耳聪目明"和"耳听八方",而不是"耳聋眼花"和"耳目闭塞(sè)"。

到了"耳顺之年",也就是六十岁的时候,更是渴望自己也能像孔子那样,好话孬话都听得进,能够做出正确判断和选择。

人们喜欢用我来借指形状像耳朵的东西。"木耳"和"银耳"，都是这种用法。

中国的传统建筑"四合院"，有两个"耳房"。这两个耳房，紧挨着正房的山墙，建在正房东西两侧。它们比正房小许多，看起来像是正房的两个"耳朵"，因此取名为"耳房"。

"绿耳"的名字当中也有我。它是周穆王"八骏"之一，也叫"骒（lù）駬（ěr）"。传说它毛色深黑，生有绿耳，能日行三万里。

我经常被古人借用为语气助词，相当于"而已"和"罢了"。"技止此耳"和"止增笑耳"，都是这种用法。

"今夜闻君琵（pí）琶（pá）语，如听仙乐耳暂（zàn）明。"（出自唐·白居易《琵琶行》）

"不恨古人吾不见，恨古人不见吾狂耳。"[出自宋·辛弃疾《贺新郎（甚矣吾衰矣）》]

很多古诗词里都有我的身影。

我来造字

我们这个家族的汉字，主要和耳朵有关。

我通常待在我朋友的左边，有时候也跑到其他位置。

因为我是以"**耳**"字的身份做偏旁，所以大家都叫我"**耳字旁**"。

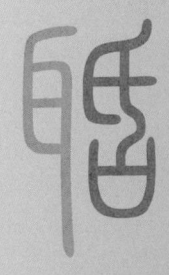

小篆

聒

隶书

我遇到"舌"字，
就变成了"聒（guō）"字。

聒噪不已。

小篆

聃

隶书

遇到"冉"字，
就变成了"聃（dān）"字。

老子姓李，名耳，字聃，也叫老聃。聃耳属（zhǔ）肩，绮眉覆颧。

小篆

饵
隶书

遇到食字旁（饣），
就变成了"饵（ěr）"字。

香饵获死鱼，重赏致死士。

小篆

洱
隶书

遇到三点水（氵），
就变成了"洱（ěr）"字。

大理洱海，是湖非海，湖形似耳。

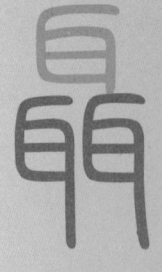

小篆

聂
隶书

遇到"双"字，
就变成了"聂（niè）"字。

聂耳原名聂守信，绰（chuò）号"耳朵先生"。他的耳朵能前后耸（sǒng）动，听到什么声音都能模仿。
"聂"是"聶"的简化字。

自字旁

我是自字旁。
我长这个样子：

打字的时候，
你打"zì"，
我就会现身。

我的祖先很酷。它们长这个样子：

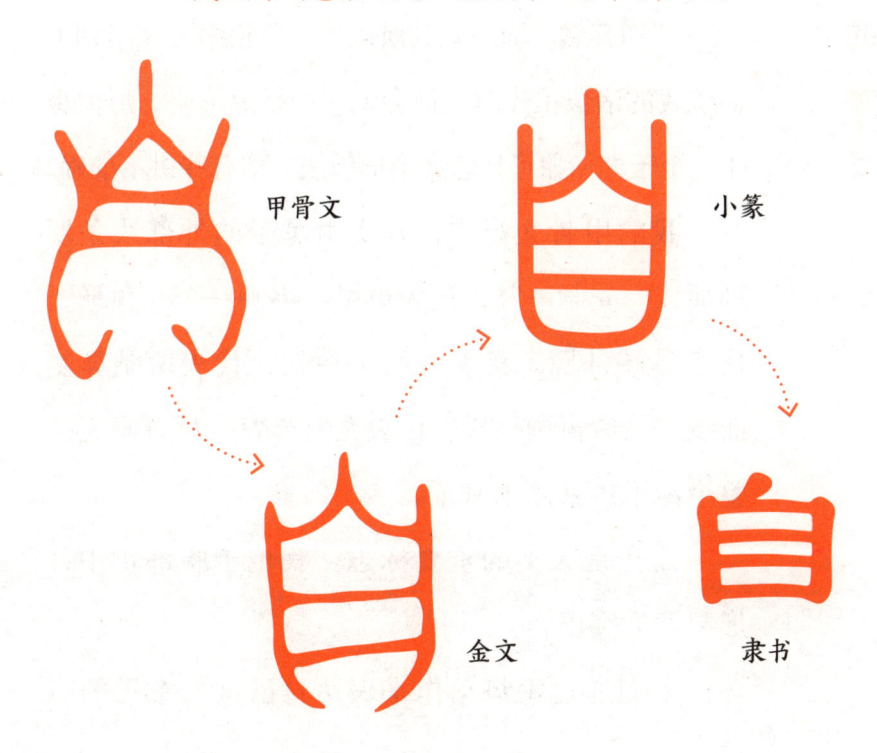

甲骨文

小篆

金文

隶书

你看我的甲骨文祖先，像不像鼻子的形状？上面那一竖，是不是代表鼻梁？鼻梁下面那个三角形的笔画，是不是代表鼻尖和两侧鼻翼所形成的鼻端外廓（kuò）？那两个秤钩形的笔画，是不是代表从两眉内梢开始，沿鼻子外侧一直延伸到鼻孔位置的两条鼻侧曲线？中间那一横，是不是代表鼻梁和鼻侧曲线之间的左右鼻背？

后来，是不是慢慢演变成了一撇一竖、一个横折和三横？

我的故事

我呀，其实就是那个"自"字，最初的意思是鼻子。"知其然，而不知其所以然。"很多专家给别人讲解我的诸位祖先时，都会说它们是象形字，形似鼻子。至于如何象形，怎么个形似法，却有些讲不准确。

我的甲骨文祖先，其实由鼻子的外部线条罗列而成。先画一竖，代表鼻梁。再画一个三角形，代表鼻端外廓。接着画两个秤钩，代表两条鼻侧曲线。最后再画一横，代表左右鼻背。鼻背画完，整个鼻子也就画出来了。

面孔是人类的重要标志。我位于脸部正中，形象尤为突出。

人们通过手势动作来表达自己这层意思的时

候,习惯用手指指向面部。所指之处,恰好是我所在的位置。久而久之,干脆借用我这个小小的"自"字,用来指代自己。同时,另造一个"鼻"字,代替我来表达鼻子这层意思。

我处于人体最前端,因而又引申为起始和由来等意思。"知远之近,知风之自,知微之显",就含有这层意思。

我经常被人们借用为介词,相当于"从"和"由",表示时间或者方位的起始。"自古以来"和"自东到西",都是这种用法。

我和"从"字意思相同。我们组成"自从"一词,意思仍然不变,主要用来表示时间或者事件的起始。"自从去年以来",是这种用法。"自从那次地震开始",也是这种用法。

我自我意识强烈,热爱大自然,喜欢自由自在地生活。

"君自故乡来,应知故乡事。"[出自唐·王维《杂诗三首(其二)》]

"归来不骑鹤(hè),身自有羽翼。"(出自唐·贾岛《游仙》)

很多古诗词里都有我的身影。

我来造字

我们这个家族的汉字,主要和鼻子有关。

我通常待在我朋友的头上,有时候也跑到其他位置。

因为我是以"自"字的身份做偏旁,所以大家都叫我"**自字旁**"。

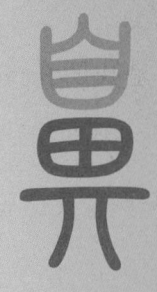

小篆

鼻
隶书

我遇到"畀（bì）"字，
就变成了"鼻"字。

鼻子呼吸自如，把空气当自助餐。

小篆

息
隶书

遇到"心"字，
就变成了"息"字。

坐看落花空叹息。

小篆

臭
隶书

遇到"犬"字，
就变成了"臭"字。

香臭（chòu）不分，无色无臭（xiù）。

臬
小篆

臬
隶书

遇到"木"字，
就变成了"臬（niè）"字。

陈圭（guī）置臬，瞻（zhān）星揆（kuí）地。圭臬也叫"圭表"，是古代的一种天文仪器，由圭和臬两种部件组成，通过观测日影来测定方位、计算四季之长。人们也常用它来借指准则或者法度。奉为圭臬，意思是尊奉为准则或者法度。

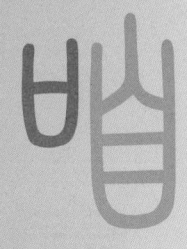

咱
小篆

咱
隶书

遇到"口"字，
就变成了"咱"字。

咱们谁也不怕。

鼻字旁

我是鼻字旁。
我长这个样子：

鼻

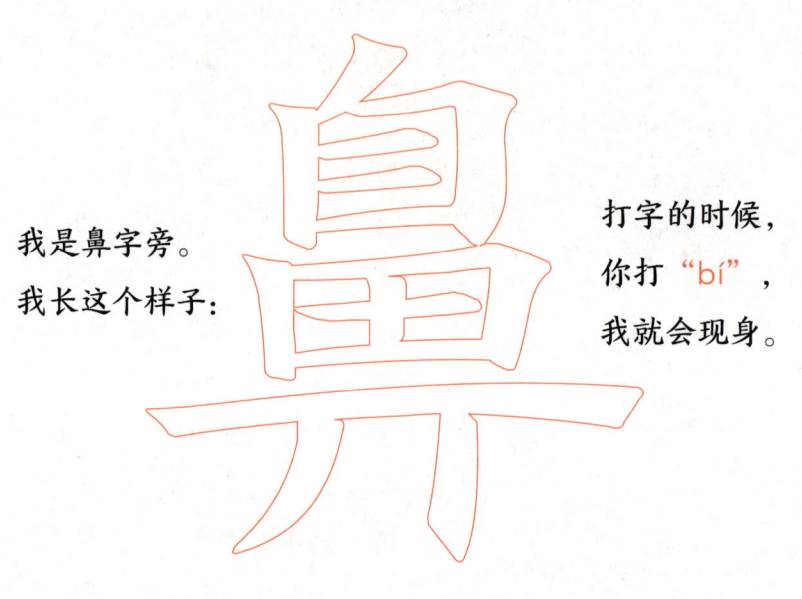

打字的时候，
你打"bí"，
我就会现身。

我的祖先很酷。它们长这个样子：

鼻　　　　　　　　　　鼻

小篆　　　　　　　　　　隶书

你看我的小篆祖先，上面像不像鼻子的形状？下面是不是"畀（bì）"字？

后来，是不是慢慢演变成了"自"字和"畀"字的组合体？

我的故事

我呀，其实就是那个"鼻"字，最初的意思是鼻子。

我由"自"字分化而来，是上形下声的形声字，"自"为形旁，"畀"为声旁。

"自"字最初的意思就是鼻子。当它用来借指自己这层意思以后，人们在它下面增加一个"畀"字，造出我这个汉字，代替它来表达鼻子这层意思。

我还是会意字，由"自""畀"二字会意而成。

《说文解字》里说我是"引气自畀也"。"畀"的意思是赐（cì）予和给（jǐ）予。"自"字和"畀"字组合在一起，含有鼻子一呼一吸、自相给予的意味，清楚地表明了我的呼吸器官身份。正常情况下，我总是呼吸自如，把空气当自助餐享用。

"自"字还有自从、起始和开端等意思。我跟着它沾光，也继承了这些意思。"鼻子（zǐ）"即始生子，也就是第一个儿子。"鼻祖"即始祖，创始人。

我的突出特征是隆（lóng）起于脸部，有两个孔眼。"门鼻子"和"针鼻子"，就是因为像我一样隆起于门板，或者身上有孔眼而得名。

我软弱的时候，会被别人"蹬鼻子上脸"。骄傲的时候，也会"鼻孔朝天"。碰壁的时候，总是我先"碰一鼻子灰"。

我不喜欢"横挑鼻子竖挑眼"的朋友。我是竖着长在脸上的，哪能挑出横的来？

"郢（yǐng）人斫（zhuó）垩（è）"，是说郢人鼻尖上涂了一层薄似苍蝇翅膀的白泥，匠石"运斤成风，听而斫之，尽垩而鼻不伤，郢人立不失容"。人们常用这个成语比喻技术熟练高超。

"观鼻端白"是一种修行方法。传说高僧孙陀（tuó）罗难陀将心念集中于鼻端，经过三七二十一天的观想注视，就能看到鼻子里的呼吸气息一出一入，形如烟雾，继而化作一片光明。

我想再次前往拜访郢人、匠石和孙陀罗难陀高僧，不知他们肯不肯和我再演示一番？

"鼻香茶熟后，腰暖日阳中。"（出自唐·白居易《闲卧寄刘同州》）

"嗅（xiù）花风入鼻，掬（jū）水月浮身。"（出自宋·白玉蟾《山斋夜坐二首》）

很多古诗词里都有我的身影。

我来造字

我们这个家族的汉字，主要和鼻子有关。

我通常待在我朋友的左边，有时候也跑到其他位置。

因为我是以"鼻"字的身份做偏旁，所以大家都叫我"鼻字旁"。

小篆

濞

隶书

我遇到三点水（氵），就变成了"濞"字。

漾（yàng）濞（bì）江水波荡漾，激流咆哮。

小篆

劓
隶书

遇到立刀旁（刂），
就变成了"劓（yì）"字。

施以劓刑，割掉鼻子。

小篆

鼾
隶书

遇到"干"字，
就变成了"鼾（hān）"字。

鼾声如雷。

小篆

齁
隶书

遇到"句"字，
就变成了"齁（hōu）"字。

菜齁咸，齁死人。

口字旁

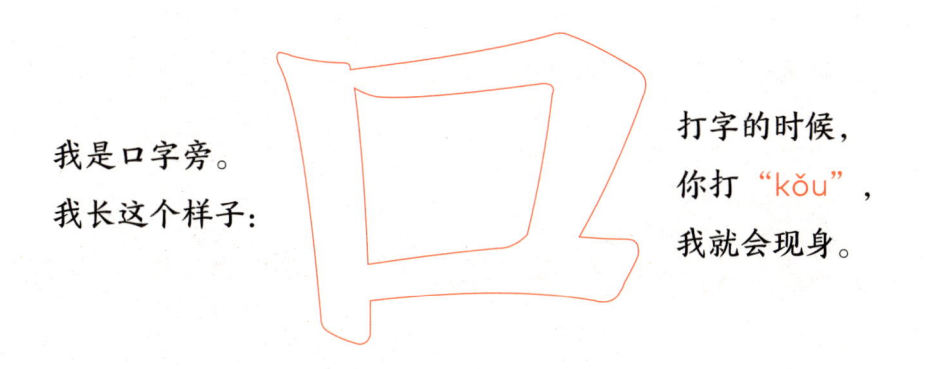

我是口字旁。
我长这个样子：

打字的时候，
你打"kǒu"，
我就会现身。

我的祖先很酷。它们长这个样子：

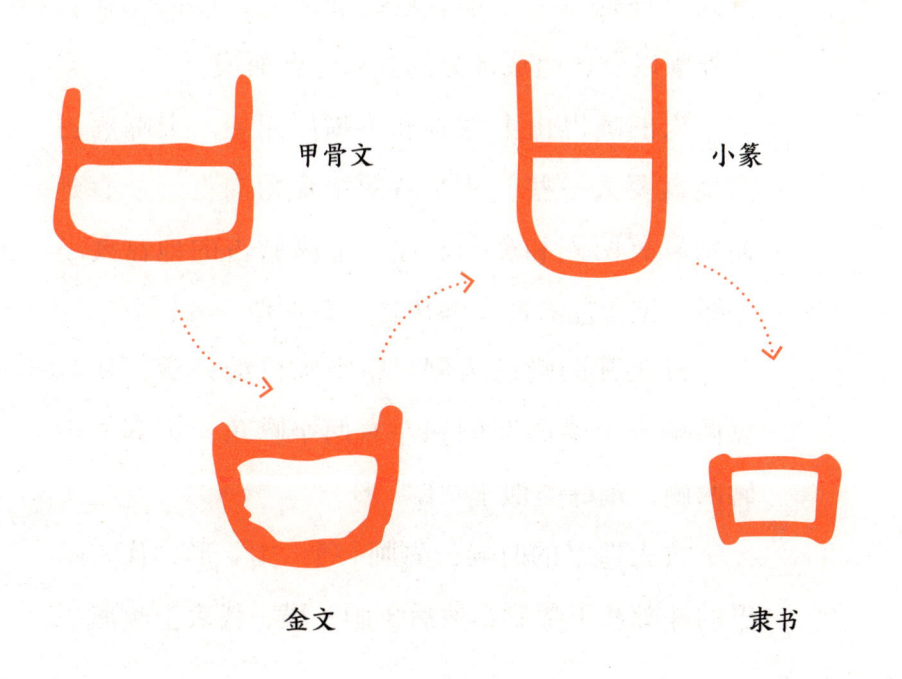

甲骨文

小篆

金文

隶书

你看我的甲骨文祖先，像不像张开的嘴巴？那个"U"形笔画，是不是代表嘴巴外廓（kuò）？外廓里面那一横，是不是代表上嘴唇？外廓下端那个弧形笔画，是不是同时也代表下嘴唇？上嘴唇和下嘴唇之间的开口，是不是代表嘴巴张开后的孔洞？

后来，是不是慢慢演变成了一竖、一个横折和一横？

我的故事

我呀，其实就是那个"口"字，最初的意思是人嘴，也泛指所有动物之嘴。

"自"字最初的意思是鼻子。我和它的造字方式，都是古人仔细观察面前之人，以面部器官的外廓以及各组成部分的线条组合而成。

人的嘴巴由上嘴唇和下嘴唇组成。上嘴唇占的地盘要大一些，从左右两个嘴角向上，一直延伸到鼻翼两侧和鼻子底端。下嘴唇占的地盘要小一些，位于左右两个嘴角之下，形似一片圆弧。

以张开的嘴巴为例，整个嘴巴的外廓，从鼻翼两侧到上嘴唇两侧和左右两个嘴角，再到下嘴唇两侧，正好类似于"U"形。

古人造字的时候，先画一个"U"形，代表嘴巴的外廓和下嘴唇。然后再画一横，代表上嘴唇。

上嘴唇画完，整个嘴巴也就画出来了。

我是人和其他动物发声的器官，同时也是吃饭喝水的器官。

"口若悬河"，是说我的口才很好，说起话来滔滔(tāo)不绝。

"心口如一"，是说我诚实直爽，嘴里说的和心里想的一样。

"瓶口""井口""门口""洞口"，都是因为和我一样能够连通内外而得名。

刀刃也叫"刀口"，是因为它很锋利，和口齿一样具有切割功能。

我经常被人们借用为量词。"一口人""一口锅""一口井"，都是这种用法。它们各自都有一个口。

世人大都各有各的口味，通常是众口难调。我如果是大厨，一定会多加努力，宁肯自己辛苦一些，也要将饭菜做得香甜可口。

"洞口鸟呼鸟，山头花戴花。"（出自宋·白玉蟾《春日道中》）

"徒将一寸口，日夜相鸣吠(fèi)。"[出自宋·李觏(gòu)《虾蟆》]

很多古诗词里都有我的身影。

我来造字

我们这个家族的汉字，主要和嘴有关。

我通常待在我朋友的左边，有时候也跑到其他位置。

因为我是以"口"字的身份做偏旁，所以大家都叫我"口字旁"。

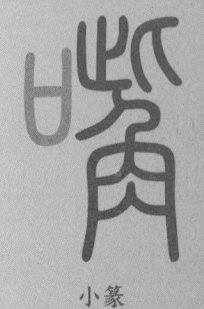

小篆

嘴
隶书

我遇到"此"字和"角"字,
就变成了"嘴"字。

水清出沙嘴,烟白横山腰。

小篆

吻
隶书

遇到"勿"字,
就变成了"吻"字。

妈妈的吻,甜蜜的吻。

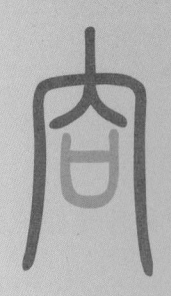

小篆

呐
隶书

遇到"内"字,
就变成了"呐"字。

喇叭,唢(suǒ)呐(nà),
曲儿小腔儿大。

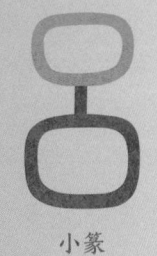

小篆

吕 隶书

遇到我弟弟，
就变成了"吕"字。

狗咬吕洞宾，不识好人心。

小篆

品 隶书

"吕"字再遇到我妹妹，
就变成了"品"字。

万般皆下品，唯有读书高。

小篆

咬 隶书

遇到"交"字，
就变成了"咬"字。

咬得菜根，百事可做。
"咬"原本是"齩"的异体字，
现在以"咬"为正体字。

小篆

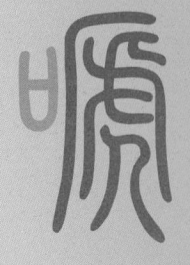

啼

隶书

遇到"帝"字,
就变成了"啼"字。

春山一墙隔,啼鸟四时多。
"啼"原本是"嗁"的异体字,
现在以"啼"为正体字。

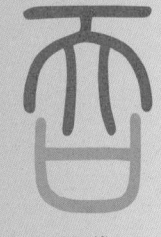

小篆

吞

隶书

遇到"天"字,
就变成了"吞"字。

山趋(qū)三岸,潭吞二水。

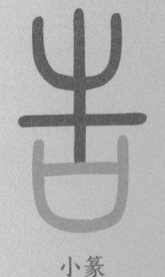

小篆

告

隶书

遇到"牛"字,
一口咬掉牛尾巴,
就变成了"告"字。

出必告,反必面。

而字旁

我是而字旁。
我长这个样子：

而

打字的时候，
你打"ér"，
我就会现身。

我的祖先很酷。它们长这个样子：

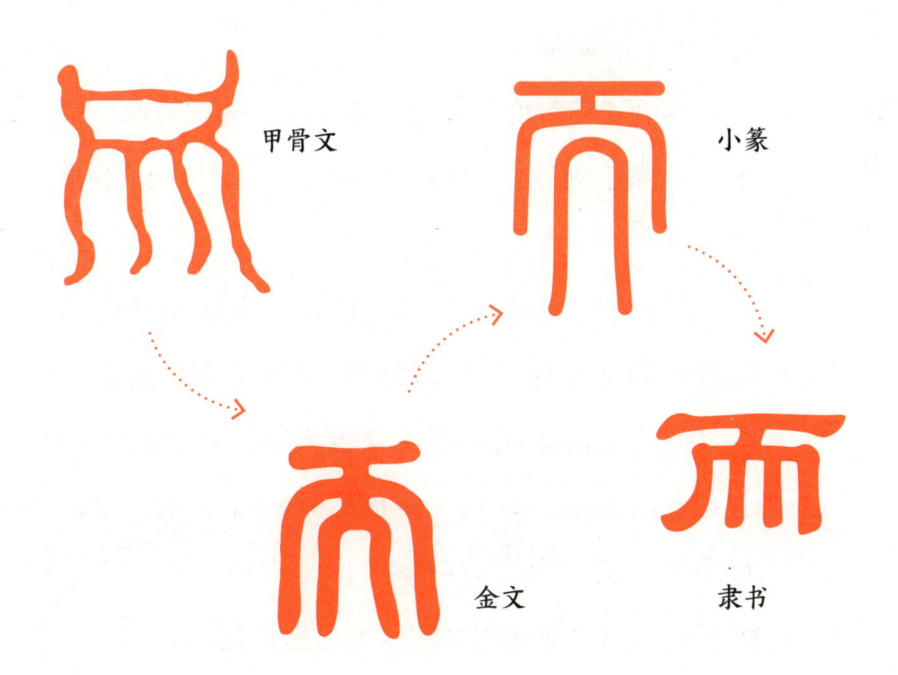

甲骨文

小篆

金文

隶书

你看我的甲骨文祖先，像不像长在下巴上的胡须？上边那个圆弧和一横组成的半圆形笔画，是不是代表下巴？下边那四条曲线，是不是代表胡须？金文祖先身上的下巴，是不是演变成了一横？胡须是不是分成两层，有了层次感？胡须和下巴之间那一竖，是不是起连接作用，表示胡须生自下巴？

到了我这一辈，是不是最终演变成了一横一撇、一竖、一个横折钩和两竖？

我的故事

我呀，其实就是那个"而"字，最初的意思是下巴上的胡须。

谜语"三鲜面"，说的就是我。"三鲜面"，即"三鲜于面"。"面"字少了"三"，可不是我咋的？

所有的胡须都是顺承着脸面而生。不同的胡须之间都是并列而立。每根胡须都是弯弯折折，有美饰脸面的作用。我经常被人们借用为连词，用来表示顺承、并列、转折和修饰等关系。"取而代之"和"黑质而白章"，是这种用法。"华而不实"和"匆匆而来"，也是这种用法。

我有时会被借用为第二人称代词，相当于"你"和"你的"。"余知而无罪也"，是说我知道你没有罪。"而翁知我"，是说你的父亲了解我。

　　"当而而不而，不当而而而，而今而后，已而已而。"古代有位主考官批评某位考生用词不当时，连用十个我，真是巧妙至极！你想啊，该用"而"时却不用"而"，不该用"而"时却用"而"，从今往后，在考官的眼里他的前途岂不是完了完了？

　　我和"已"字组成语气助词"而已"，相当于"罢了"。

　　我和"且"字组成连词"而且"，表示并列或递进关系。

　　"北方有佳人，绝世而独立。"（出自汉·李延年《李延年歌》）

　　"结庐在人境，而无车马喧（xuān）。"［出自晋·陶渊明《饮酒（其五）》］

　　很多古诗词里都有我的身影。

我来造字

　　我们这个家族的汉字，主要和胡须有关。

　　我通常待在我朋友的左边，有时候也跑到其他位置。

　　因为我是以"而"字的身份做偏旁，所以大家都叫我"而字旁"。

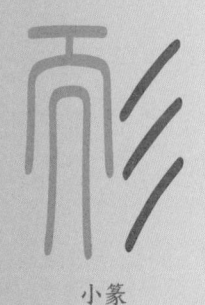

小篆

隶书

我遇到三撇儿（彡），
就变成了"彭"字。

耏（ér）先生多耏（ér），是说他脸上胡须很多。耏（nài）刑是古代的一种刑罚，剃去脸上的胡须。

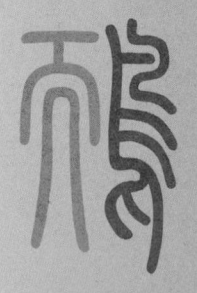

小篆

隶书

遇到"鸟"字，
就变成了"鸸"字。

鹢（yì）鸸（ér）即玄鸟，也就是燕子。鸸鹋（miáo）是英语单词"emu"的音译词。澳大利亚鸸鹋，形似鸵鸟，脖子有毛。

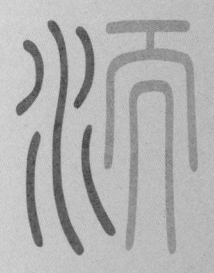

小篆

洏

隶书

遇到三点水（氵），
就变成了"洏"字。

涟（lián）洏（ér）是涕泪交流的样子。

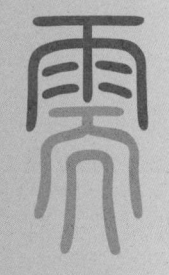

小篆

需

隶书

遇到"雨"字，
就变成了"需"字。

人遇雨，需等待。

选自黄庭坚《刘明仲墨竹赋》

蓬春少者骨髓老而

名帖赏析

　　黄庭坚，字鲁直，北宋文学家、书法家。他擅长行书、草书，主张"楷法欲如快马入阵"，楷法亦自成一家。他撰文并书写的《刘明仲墨竹赋》，系大字行楷。该帖笔势雄健，收放自如，充满挺拔俊美之气。

舌字旁

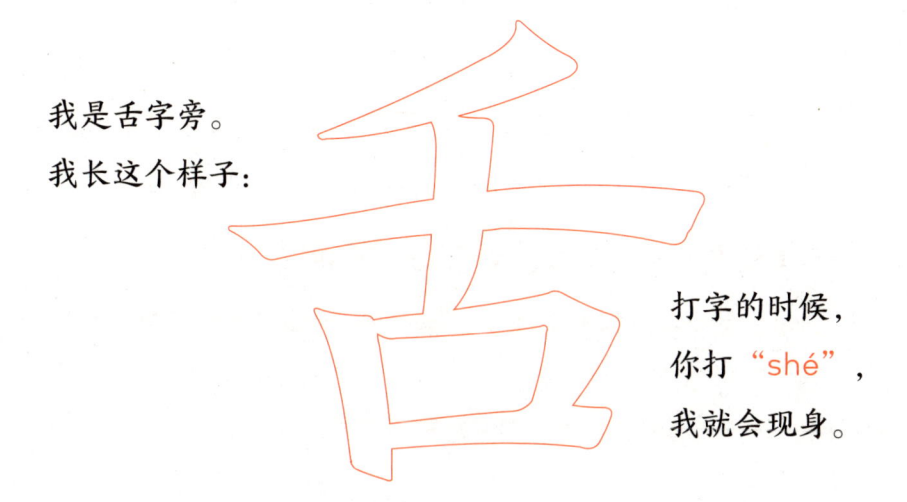

我是舌字旁。
我长这个样子：

舌

打字的时候，
你打"shé"，
我就会现身。

我的祖先很酷。它们长这个样子：

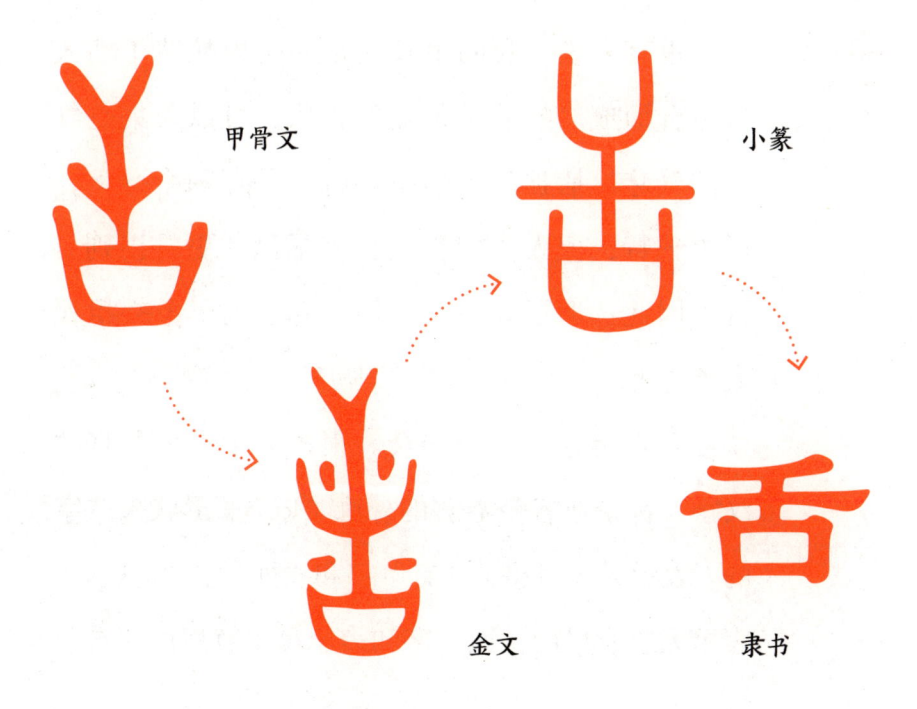

甲骨文

小篆

金文

隶书

你看我的甲骨文祖先，上边那个"V"形笔画，是不是代表尖尖的舌头？下边那个"口"字形的笔画，是不是代表嘴巴？中间那个箭头形状的笔画，是不是表示舌头乃口中之舌？金文祖先身上，是不是还增加了几个小点？这几个小点，是不是表示对舌头分泌唾液功能的突出和强调？

后来，是不是慢慢演变成了一撇一横、一竖和一个"口"字？

我的故事

我呀，其实就是那个"舌"字，最初的意思是舌头。

也有人说，我的甲骨文祖先是由蛇芯子和人嘴组合而成。蛇芯子是蛇的舌头，可以采集空气中的气味，捕捉外界信息。特别是那两个分叉，形象独特，比人类的舌头更好描画，更易识别。古人因此选取了蛇芯子，用蛇芯子的形象来指代人类之舌。

我觉得这是一个误会。很多表示人体器官的汉字，都是取各个器官的外廓（kuò）形状来造字的。表示人头意思的"首"字和"页"字，是这样。表示人脸意思的"面"字和表示鼻子意思的"自"

字，是这样。表示嘴巴的"口"字和表示耳朵的"耳"字，也是这样。

我的甲骨文祖先也不例外。它身上那个"V"形笔画，相当于是舌头的外廓。它本身其实是一个嘴巴和舌头的正视图。另外还在舌头和嘴巴之间增加了一个指示箭头。请您的朋友站在对面，让他伸出舌头，您仔细看一看，是不是我说的这样？

《说文解字》里这样解释我："在口，所以言也，别味也。"我身处口中，既能辨别食物滋味，也能辅助喉咙发音。

人们习惯用我来借指言辞。"舌战""多嘴多舌""白费口舌"，都是这种用法。

"巧舌如簧（huáng）"，是说我灵巧无比，能言善辩。

"唇枪舌剑"，是形容言辞犀（xī）利，辩论激烈。

"帽舌"是帽檐（yán）。"火舌"是火苗。它们和"笔舌"一样，都长得像我，状如吐舌。

"锯齿不能咀（jǔ）嚼（jué），箕（jī）舌不能别味。"这里的"箕舌"，指的是簸（bò）箕口外沿。并不是所有的"舌头"都像我一样，能够品尝美味，进行辩论。

我柔软灵活，威力巨大。赵国的平原君赵胜，曾夸赞"毛遂自荐"的毛遂说："毛先生以三寸之舌，强于百万之师。""连横"的张仪、"合纵"的苏秦等人，也都是在我的鼎力相助之下，实现了自己的人生抱负。

"舌端悬日月，笔下来江汉。"（出自宋·陈师道《送叔弼寄秦张》）

"枕书眠着无人唤，花里东风百舌啼。"（出自明·鲁铎《春日书院》）

很多古诗词里都有我的身影。

我来造字

我们这个家族的汉字，主要和舌头有关。

我通常待在我朋友的左边或者右边，有时候也跑到其他位置。

因为我是以"舌"字的身份做偏旁，所以大家都叫我"舌字旁"。

小篆

适

隶书

我遇到走之旁（辶），就变成了"适"字。

感觉很合适。

"适"是"適"的简化字。

小篆

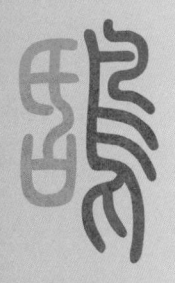

鸹

隶书

遇到"鸟"字,
就变成了"鸹（guā）"字。

老鸹变乌鸦,还是乌鸦。
"鸹"是"鴰"的简化字。

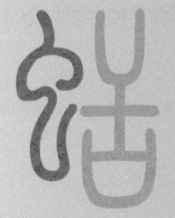

小篆

蛞

隶书

遇到"虫"字,
就变成了"蛞"字。

蛞（kuò）蝓（yú）头似蜗牛,
背上无壳。

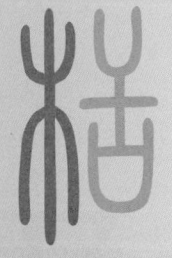

小篆

栝

隶书

遇到"木"字,
就变成了"栝（kuò）"字。

箭栝形似小鸟尾叉,是箭末扣
弦之处。机栝相当于扳（bān）
机,是弓弩（nǔ）上的钩弦器。

牙字旁

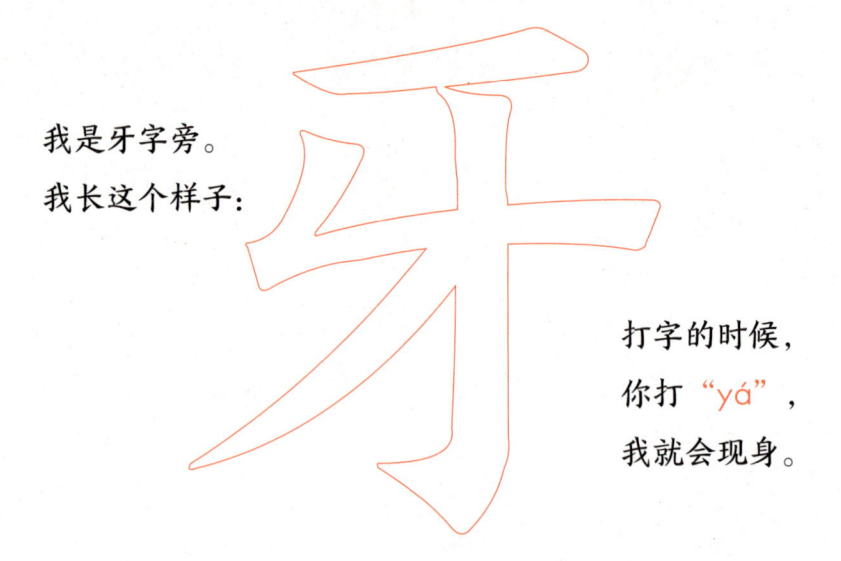

我是牙字旁。
我长这个样子：

牙

打字的时候，
你打"yá"，
我就会现身。

我的祖先很酷。它们长这个样子：

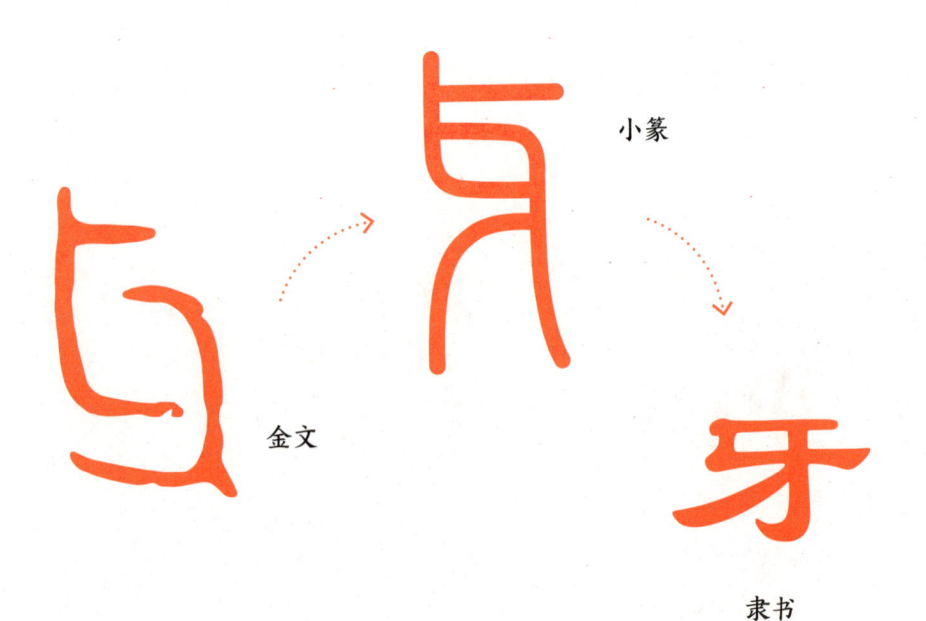

小篆

金文

牙

隶书

你看我的金文祖先，像不像上下交错，啮（niè）合在一起的两枚臼（jiù）牙？

到了我这一辈，是不是最终演变成了一横、一个撇折、一个竖钩和一撇？

我的故事

我呀，其实就是那个"牙"字，最初的意思是臼牙，也就是大牙。

最早的时候，我和"齿"字各有所指。我指的是大牙，它指的是门牙。后来，我们统称为"牙齿"。不管是我，还是它，既可以叫"牙"，也可以叫"齿"，彼此之间的区分渐渐消失。

我又粗又壮，是牙齿中的老大。门牙和犬牙都是我的弟弟。它们负责切断和撕裂食物，我负责咀（jǔ）嚼（jué）和磨碎食物。

我的表面有一层牙釉（yòu）质，是人体中最坚硬的物质。我可以把骨头嚼碎。我甚至比铁还要硬。假设金刚石的硬度等级为10，我的硬度等级就是7，铁和骨头的硬度等级分别是5和4。

我虽然很坚硬，但是很脆弱，一拳就可以把我打折，或者从口中脱落。那些肉眼看不见的细菌，也让我提心吊胆。人类如果不注意卫生，不勤刷牙，它们就会乘虚而入，在我身上蛀出龋（qǔ）洞，把我变成龋齿。如果不找牙医治疗，会慢慢坏掉。

我希望人类爱护我，别让细菌侵犯我。也请那些牙碜（chen）人的沙子，离我远一些，别硌（gè）伤我的神经。这样我就会健健康康，拥有我的人也会吃嘛嘛香。

我形象独特，人们喜欢拿我做比喻。高耸（sǒng）如狼牙之山，是"狼牙山"。房屋的檐（yán）角翘向天空，形似尖牙，叫"檐牙"。

假货向来不受欢迎，"假牙"却是例外。它是我的替代品，很多人都离不开它。

"梅子留酸软齿牙，芭蕉分绿与窗纱。"[出自宋·杨万里《闲居初夏午睡起（其一）》]

"叶露泣金井，檐（yán）牙挂玉钩。"（出自宋·杨冠卿《次韵李提举秋日杂咏》）

很多古诗词里都有我的身影。

我来造字

我们这个家族的汉字,主要和牙齿有关。

我通常待在我朋友的左边或者右边,有时候也跑到其他位置。

因为我是以"牙"字的身份做偏旁,所以大家都叫我"牙字旁"。

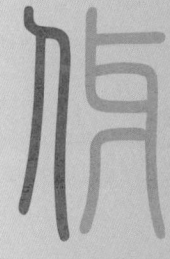

小篆

伢

隶书

我遇到单人旁(亻),就变成了"伢(yá)"字。

小伢儿就是小孩子。

小篆

雅

隶书

遇到"隹(zhuī)"字,就变成了"雅(yǎ)"字。

雅言即正言,是合乎规范的正统语言,相当于标准语和普通话。

小篆

邪

隶书

遇到右耳旁（阝），
就变成了"邪"字。

干（gān）将（jiāng）莫邪（yé），
震慑（shè）邪（xié）气。

小篆

琊

隶书

"邪"字再遇到"王"字，
就变成了"琊"字。

琅（láng）琊（yá）王登上琅琊山。

小篆

掌

隶书

遇到"尚"字，
就变成了"掌（chèng）"字。

掌儿是桌椅凳杌（wù）两腿之间的横木。

齿字旁

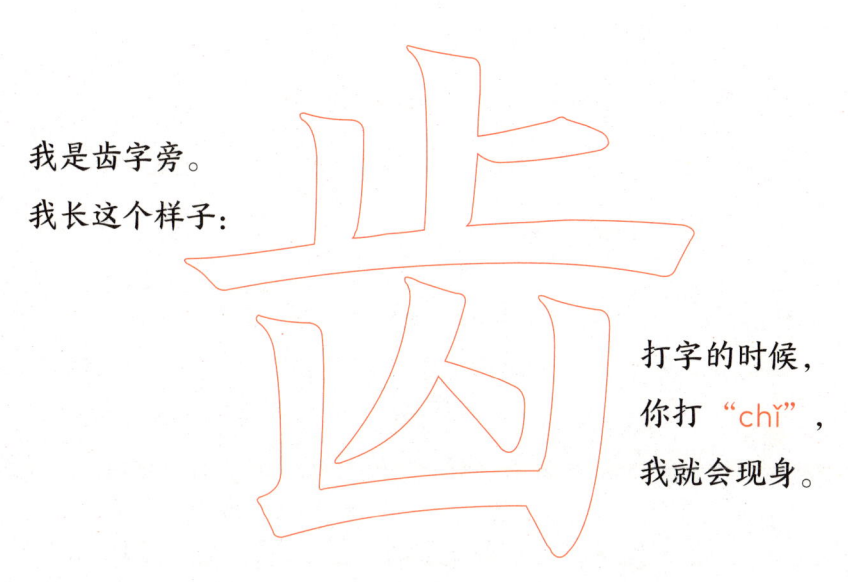

我是齿字旁。
我长这个样子：

齿

打字的时候，
你打"chǐ"，
我就会现身。

我的祖先很酷。它们长这个样子：

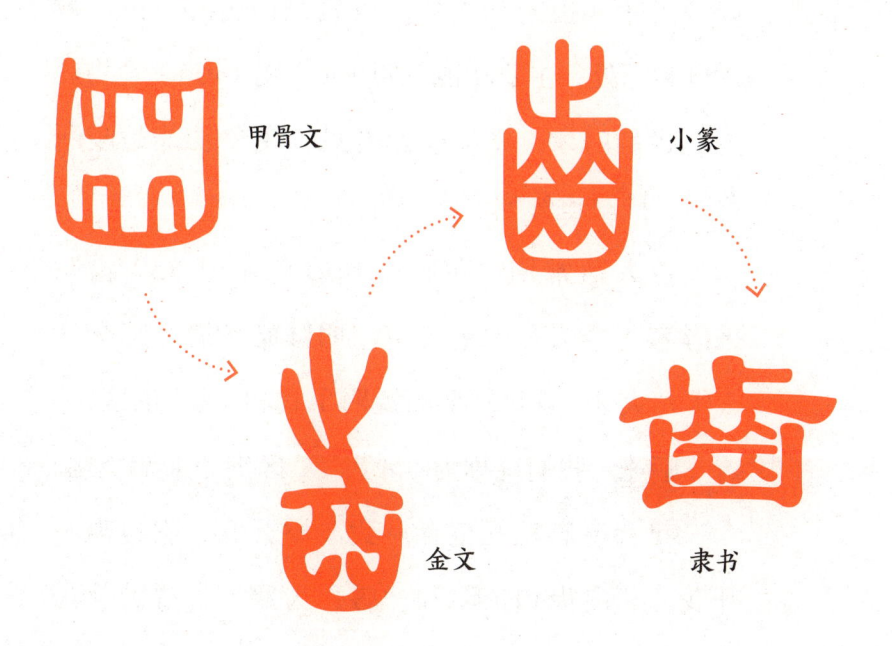

甲骨文

小篆

金文

隶书

你看我的甲骨文祖先,像不像嘴里露出来的两排门牙?金文祖先身上那个"止"字,是不是表示读音?

到了我这一辈,是不是最终演变成了一个"止"字、一撇一点、一个竖折和一竖?

我的故事

我呀,其实就是那个"齿"字,是"齒(chǐ)"的简化写法,最初的意思是门牙。

最早的时候,我和"牙"字各有所指。

"牙"指的是大牙,也就是臼(jiù)齿,藏在口腔深处,主要功能是咀(jǔ)嚼(jué)食物。

我是门牙,张嘴就能看见,主要功能是咬断食物,同时也影响着人的容颜。

古人通常用"明眸(móu)皓(hào)齿"来形容一个人。如果说成"明眸皓牙",那会让人笑掉大牙。这也从侧面说明了我和"牙"的区别。

后来,我们统称为"牙齿",区别才渐渐淡化。

我和嘴唇相互依存。我离不开它,它也离不开我。"唇齿相依"和"唇亡齿寒",说的就是这个道理。

我长在马嘴里，就是"马齿"。通过观察马齿，可以推断出马的年龄。人们常用"马齿"来指代人的年龄。"马齿徒增"，即是年龄徒长。

《南史·乐预传》里说："人笑褚（chǔ）公，至今齿冷，无为效尤。"褚公即褚渊（yuān）。他是刘宋王朝的驸马和中书令，因协助相国萧道成篡（cuàn）宋建齐而受世人耻笑。"齿冷"因而有了言外之意，成为耻笑的代名词。"令人齿冷"，即是令人耻笑。耻笑愈甚，露齿时间越长，诸齿自然会愈觉寒冷。

"幸子齿犹壮，有母方白头。"（出自宋·刘宰《访陈廷瑞有感》）

"吟寒应齿落，才峭自名垂。"（出自唐·姚合《寄贾岛，时任普州司仓》）

很多古诗词里都有我的身影。

我来造字

我们这个家族的汉字，主要和牙齿有关。

我通常待在我朋友的左边，有时候也跑到其他位置。

因为我是以"**齿**"字的身份做偏旁，所以大家都叫我"**齿字旁**"。

小篆

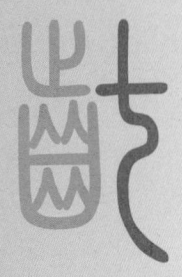

齓

隶书

我遇到"匕"字,
就变成了"齔(chèn)"字。

小孩始齔,开始换牙。

小篆

啮

隶书

遇到"口"字,
就变成了"啮(niè)"字。

虫咬鼠啮。

小篆

齟

隶书

遇到"且"字，
就变成了"齟"字。

齟(jǔ)齬(yǔ)是上下牙不对应，
比喻意见不合，相互抵触。

小篆

龅

隶书

遇到"包"字，
就变成了"龅(bāo)"字。

龅牙突出唇外。

小篆

龈

隶书

遇到"艮(gèn)"字，
就变成了"龈(yín)"字。

露出牙龈。

小篆

齜此
隶书

遇到"此"字，
就变成了"齜（zī）"字。

齜牙咧嘴。

小篆

齷屋
隶书

遇到"屋"字，
就变成了"齷"字。

齷（wò）齪（chuò）不堪。

小篆

齲禹
隶书

遇到"禹"字，
就变成了"齲（qǔ）"字。

齲齿笑，笑起来状若齿痛。

骨字旁

我是骨字旁。
我长这个样子：

打字的时候，
你打"gǔ"，
我就会现身。

我的祖先很酷。它们长这个样子：

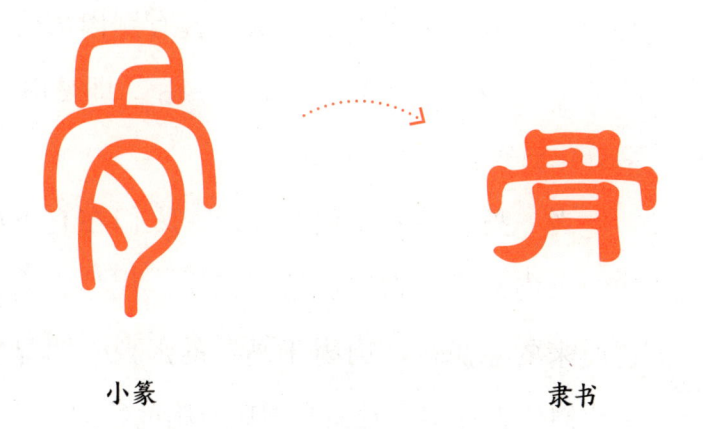

小篆　　　　　　隶书

你看我的小篆祖先，上边像不像"冎（guǎ）"字？下边像不像肉块？

后来，是不是慢慢演变成了一个变形的"冎"字和一个肉月旁？

我的故事

我呀，其实就是那个"骨"字，最初的意思是骨头，也引申为骨架、品质和气概等意思。

"冎"字是象形字，最初的意思就是骨头。它的甲骨文（ㄋ）由连在一起的三节骨头组成，看起来像三节去掉了肉的骨头。含有剔肉离骨意思的"咼（guǎ）""剐（guǎ）"二字，即是由"冎"字分化而来。

当"冎"字做了偏旁以后，人们在它下面增加一个肉月旁，造出我这个汉字，代替它来表达它原来的意思。"肉附于冎"的形象，明显突出了我们作为骨架，骨面为肉质所附的特点。

我和"肉"字密不可分，有"骨肉相连"之称。

人和脊椎动物的身体，全靠我来支撑。如果离开我搭就的骨架，他们就会变成无骨之肉，无法站立。

"人不可有傲气，但不可无傲骨。"这句名言是著名国画大师徐悲鸿的座右铭，是他离开宜兴女子学校时，他的同事、国文教授张祖芬先生送给他的临别赠言。我很高兴自己能与这句名言有关。

我还有一个读音为"gū"。"花骨朵"和"骨碌碌（lū）"，都是这个读音。花骨朵是未开放的花蕾，形似膨大的骨节。骨碌碌是象声词。

"向前敲瘦骨，犹自带铜声。"[出自唐·李贺《马诗二十三首（其四）》]

"纵死侠骨香，不惭世上英。"（出自唐·李白《侠客行》）

很多古诗词里都有我的身影。

我来造字

我们这个家族的汉字，主要和骨头有关。

我通常待在我朋友的左边，有时候也跑到其他位置。

因为我是以"骨"字的身份做偏旁，所以大家都叫我"骨字旁"。

小篆

骰
隶书

我遇到"殳（shū）"字。
就变成了"骰（tóu）"字。

玲珑骰子安红豆，入骨相思知不知。骰子就是色（shǎi）子。

小篆

骼
隶书

遇到"各"字，
就变成了"骼（gé）"字。

骨骼棱棱（léng）瘦，诗篇字字清。

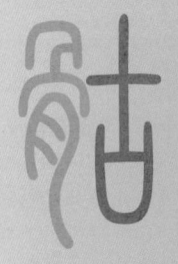

小篆

骷
隶书

遇到"古"字，
就变成了"骷"字。

叹息此骷（kū）髅（lóu），夜夜泣秋月。

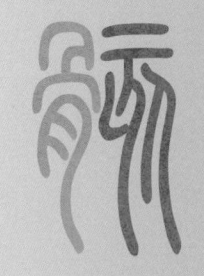

小篆

骸
隶书

遇到"亥（hài）"字，
就变成了"骸（hái）"字。

放浪形骸，不受约束。

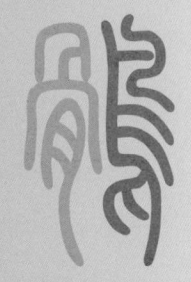

小篆

鹘
隶书

遇到"鸟"字，
就变成了"鹘（hú）"字。

兔起鹘落。鹘是隼（sǔn）的旧称。

小篆

髓

隶书

遇到"左"字、肉月旁（月）和走之旁（辶），
就变成了"髓（suǐ）"字。

大药难医骨髓空。

小篆

滑

隶书

遇到三点水（氵），
就变成了"滑"字。

春深桃李竞，路滑车马歇。

歹字旁

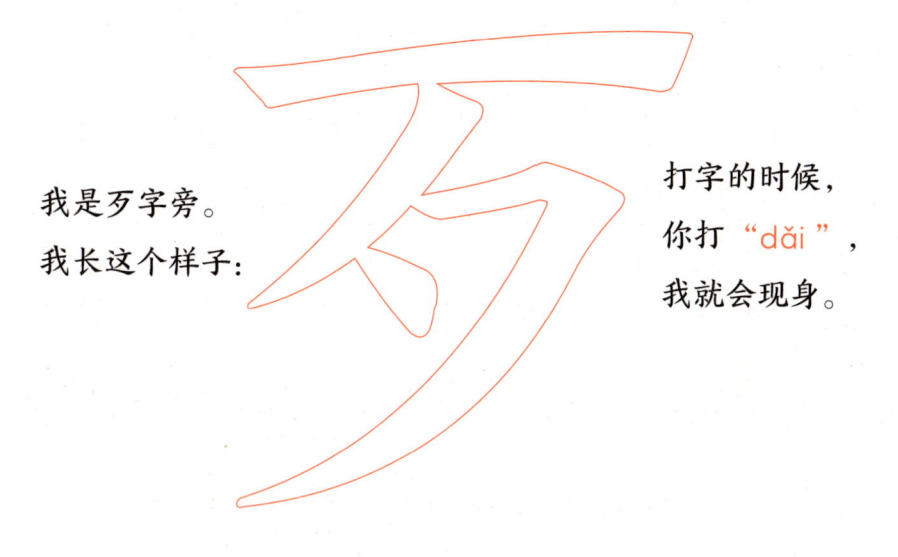

我是歹字旁。
我长这个样子：

打字的时候，
你打"dǎi"，
我就会现身。

我的祖先很酷。它们长这个样子：

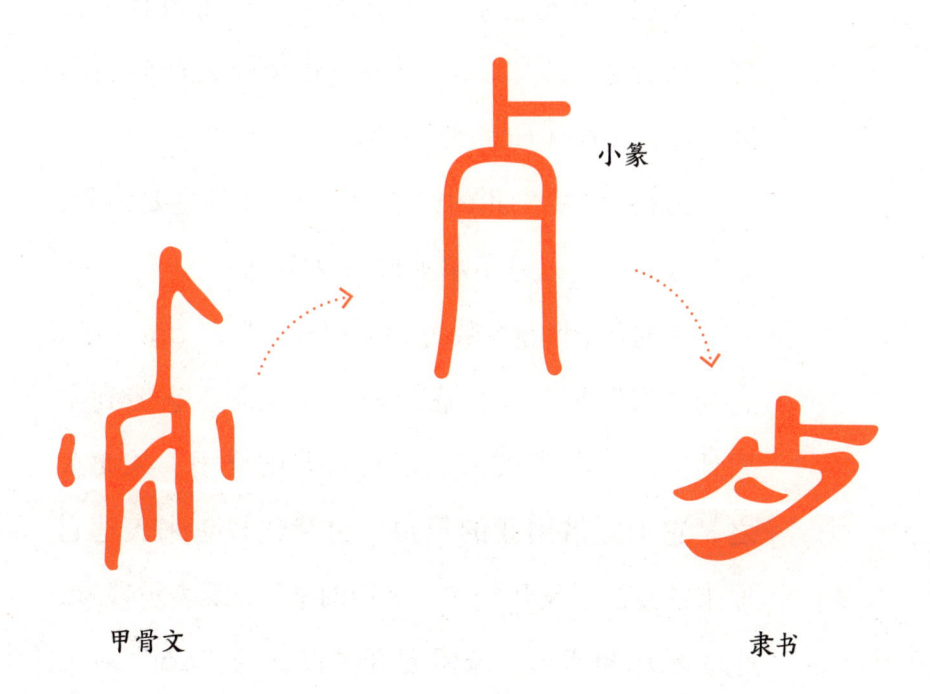

小篆

甲骨文　　　　　　　　　　　　　隶书

你看我的甲骨文祖先，像不像骨肉分解后残存的人体骨架？那三个小点，是不是代表残留的碎肉？

后来，是不是省去那三个小点，慢慢演变成了一竖一横、一撇、一个横撇和一点？

到了我这一辈，是不是最终演变成了一横一撇、一个横撇和一点？

我的故事

我呀，其实就是那个"歹"字，是"歺（è）"分化出来的写法，最初的意思是残骨。

按照许慎先生在《说文解字》里的解释，我是"列骨之残"。这种形象，难免让人产生血淋淋的感觉，颇（pō）觉不祥。

最初的时候，我的读音为"è"。我的主要任务，就是做偏旁，几乎不单独作为汉字使用。

古时候，北方少数民族那边有个"歹（dǎi）"字。它与"好"字相反，意思是坏，是恶。它传到中原地区后，经常被人们误写成我的样子。久而久之，它干脆借用我的形象，由我代替它来表达它原来的意思。我开始"一字担两义"，既表示残骨，也表示坏和恶。大家慢慢开始读我为"dǎi"。久而久之，我原来的读音反而被忘却了。

有个谜语，叫"一来就坏事"，说的就是我。我最擅长的，就是成为"歹人"和"歹徒"，专门做一些"为非作歹""不分好歹""万分歹毒"的事情。

我形象不佳，诗意全无。诗人们都不喜欢我，被他们写进古诗词里的机会少之又少。看来，我只好"多病淹歹岁，初寒悄独吟"（出自宋·欧阳修《初寒》）了。

我来造字

我们这个家族的汉字，主要和残骨有关，和死亡有关。

我通常待在我朋友的左边，有时候也跑到其他位置。

因为我是以"歹"字的身份做偏旁，所以大家都叫我"歹字旁"。

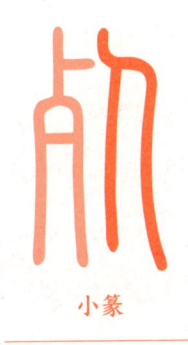

小篆

死

隶书

我遇到"匕"字，就变成了"死"字。

匕是"人"字反写，死是生者拜于朽（xiǔ）骨旁。

小篆

殆
隶书

遇到"台"字,
就变成了"殆(dài)"字。

百战不殆,没有危险。伤亡殆尽,几乎死光。

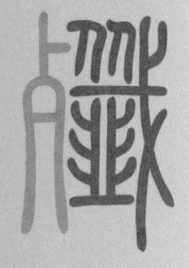

小篆

歼
隶书

遇到"千"字,
就变成了"歼(jiān)"字。

歼敌一千,自损八百。
"歼"是"殲"的简化字。

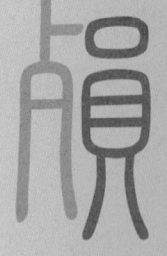

小篆

殒
隶书

遇到"员"字,
就变成了"殒(yǔn)"字。

白门楼吕布殒命。

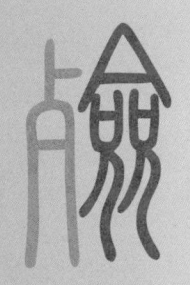

小篆

殓
隶书

遇到"佥（qiān）"字，
就变成了"殓（liàn）"字。

死者入殓，穿衣进棺。

小篆

夙
隶书

遇到"几"字，
就变成了"夙（sù）"字。

夙兴夜寐（mèi），靡（mí）有朝矣。

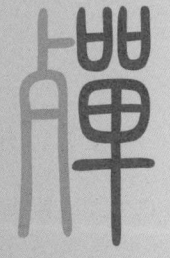

小篆

殚
隶书

遇到"单"字，
就变成了"殚（dān）"字。

殚精竭虑，费尽心思。

选自文征明书《离骚经》

于此时也宁遻死而流
态也鸷鸟之不羣兮自
圜之能周兮夫孰异道
志兮忍尤而攘诟伏清
圣之所厚悔相道之不
反顾朕车以复路兮及
马於兰皋兮驰椒丘且

名帖赏析

　　文征明（1470—1559），长州（今江苏苏州）人，明代画家、书法家、文学家。他兼擅各体书法，精于行书和楷书，尤其是小楷造诣最高，名扬海内。《离骚经》是他86岁时的作品，疏密匀称，清秀俊逸，笔力遒（qiú）劲（jìng）。

尸字旁

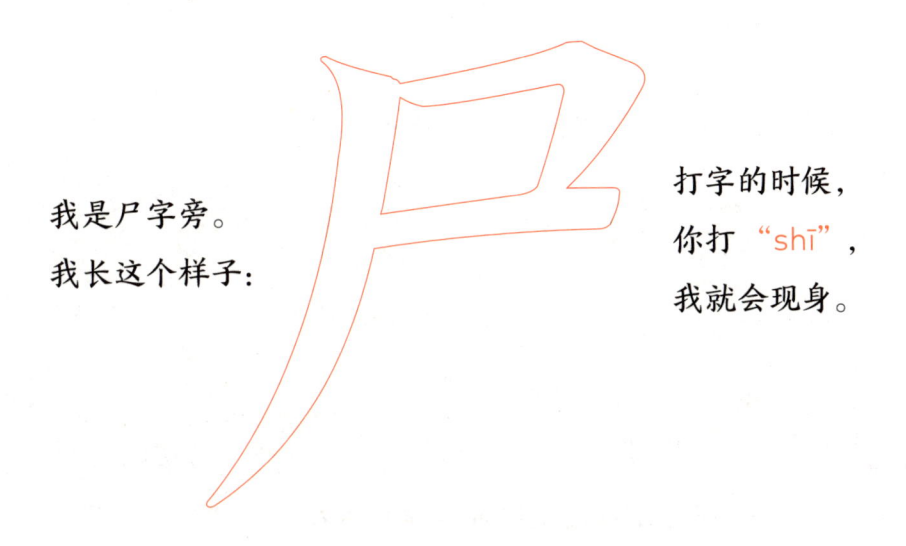

我是尸字旁。
我长这个样子：

打字的时候，
你打"shī"，
我就会现身。

我的祖先很酷。它们长这个样子：

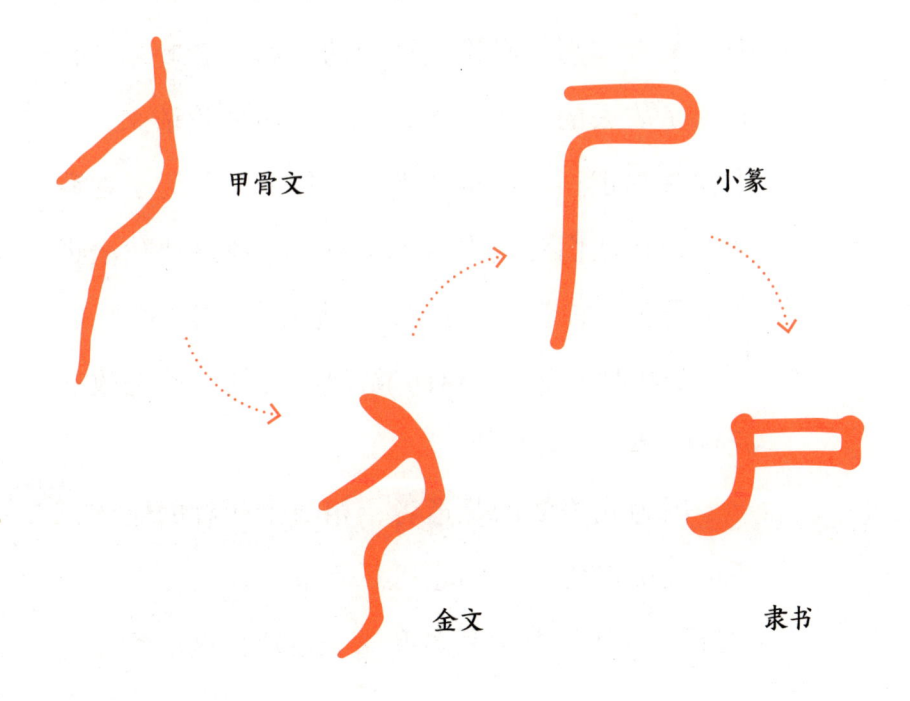

甲骨文

小篆

金文

隶书

你看我的甲骨文祖先，像不像一个人双手垂膝，挺身端坐的形状？

后来，是不是慢慢演变成了一个横折和一横一撇？

我的故事

我呀，其实就是那个"尸"字，最初的意思是代替死者接受生者祭拜的活人。

古有"天子以卿（qīng）为尸，诸侯以大夫为尸，卿大夫以下以孙为尸"之说。我相当于一个扮演者，真实身份是逝者的下属或者晚辈，扮演的是故去的上级或者亲人。人们把我请来，安排我端端正正、庄重地坐在祭位上，是为了在我身上寄托他们对逝去亲人的哀思。我既要代表逝者接受众人的祭拜，还要代表逝者享用祭品。

战国以后，不再有"祭尸"之礼，而是改祭死者的牌位或者画像。

因为我扮演的是逝者，相当于死者的躯体，所以又引申为尸体的意思。后来，人们另造一个"屍（shī）"字，代替我来表达尸体这层意思。

汉字简化的时候，它又恢复成了我这个样子。

孔子曰："寝（qǐn）不尸，居不客。"这句话的意思是说，睡觉的时候，不必像端坐的尸那样姿势庄重，可以放松一些；平时在家里，也不必像客人那般动作拘谨，可以随意一些。

有人说"寝不尸"里的我，指的是尸体。"寝不尸"的意思，是说睡觉的时候，不要像死尸那样仰卧而睡。我觉得此说有待商榷（què）。"尸"和"客"都是庄重之人，以尸对客，比拟居家之和舒，恰在情理之中。如果以屍对客，一凶一吉，不知所由何来？

"尸位素餐"这个成语，是拿我来比喻那些空占着职位，不做事而白吃饭的人。我祝愿大家都有精神，有追求，不做行尸走肉之人。

"我命绝今日，魂去尸长留。"（出自汉·佚名《孔雀东南飞》）

"只解沙场为国死，何须马革裹尸还？"（出自清·徐锡麟《出塞》）

很多古诗词里都有我的身影。

我来造字

我们这个家族的汉字，主要和人体有关。

我总是像雨衣一样披在我朋友的身上。

因为我是以"尸"字的身份做偏旁，所以大家都叫我"尸字旁"。

小篆

尾

隶书

我遇到"毛"字，
就变成了"尾"字。

松鼠的尾巴毛茸茸（róng）。

小篆

屎

隶书

遇到"米"字，
就变成了"屎"（shǐ）字。

屎壳郎滚粪球，头朝下用爪子倒着推。

"屎"原本是"菌"的异体字，现在以"屎"为正体字。

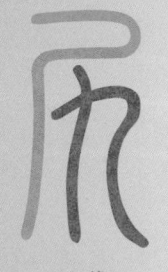

小篆

尻
隶书

遇到"九"字，
就变成了"尻（kāo）"字。

尻是屁股。尻轮神马，是以屁股当车轮，以心神当马匹，组成一驾马车，随心遨（áo）游。

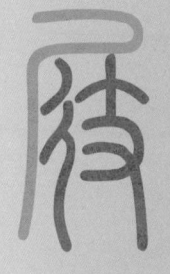

小篆

屐
隶书

遇到双人旁（彳）和"支"字，
就变成了"屐（jī）"字。

屐是木底鞋，前后底各有一齿，雨天可走泥地。

小篆

履
隶书

遇到双人旁（彳）和"复"字，
就变成了"履"字。

屣（xǐ）履（lǚ）出迎，是趿（tā）拉着鞋出来迎接，形容匆忙、急切。

尤字旁

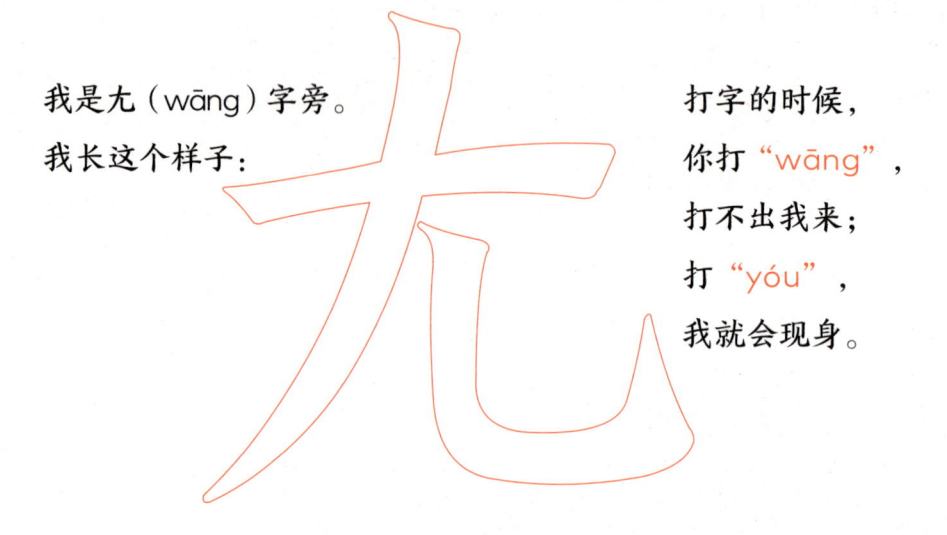

我是尢（wāng）字旁。
我长这个样子：

尢

打字的时候，
你打"wāng"，
打不出我来；
打"yóu"，
我就会现身。

我的祖先很酷。它们长这个样子：

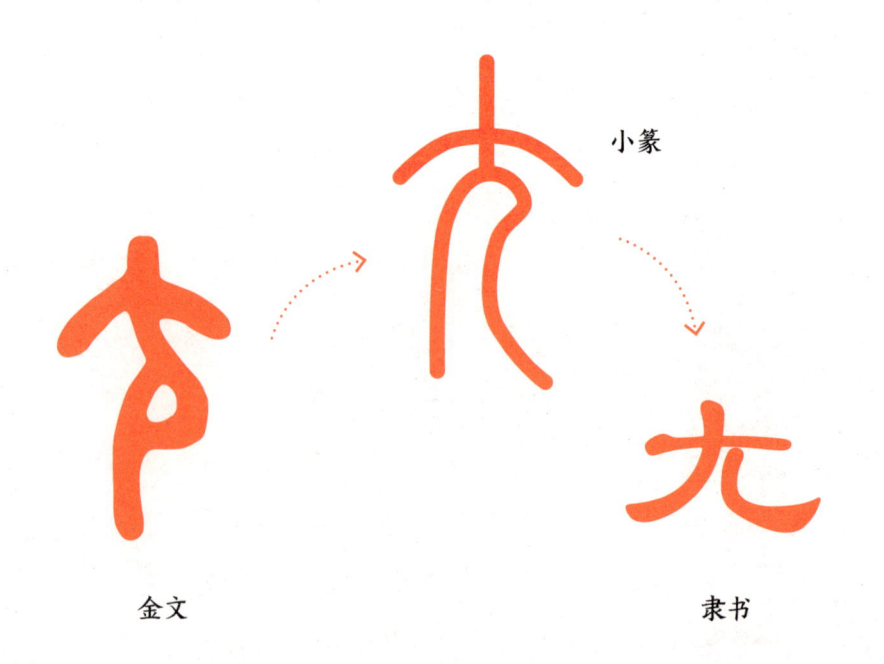

小篆

金文　　　　　　　隶书

你看我的金文祖先，像不像伸着双臂，瘸（qué）着一条腿站在那里的人形？

后来，双臂是不是慢慢演变成了一横？上身和两腿是不演变成了一撇和一个竖弯钩？

我的故事

我呀，其实就是那个"尢"字，最初的意思是瘸（qué）腿。

我看起来像是"大"字跛（bǒ）了一足。"大"字最初的意思是成人，本身就和"人"字有很密切的关系。我和"人"字因此也有很深的渊（yuān）源。

我看起来有些像"九"字，其实我们的区别很大。我由一横一撇和一个竖弯钩组成。它由一撇和一个横折弯钩组成。我的意思是瘸腿，乃外力所致。它的意思是弯臂，属于自然弯曲，后来又假借为数字九。

"尣（wāng）"字是我的另外一种写法，读音和意思都和我一样。

当我做了偏旁以后，人们在我身上增加一个

"王"字做声符，另造一个"尪（wāng）"字，代替我来表达瘸腿这层意思。

"尪"字同时还引申出另外一些意思，比如脊背弯曲、身材短小和身体孱（chán）弱之类。

也有人说，我是"尤"字的本字，"尤"字是由我分化而来，因而我还有另外一个读音"yóu"。因为我最初的意思是瘸腿，所以"尤"字也跟着沾光，经常用来表达特异的、突出的、尤其、过失和怨恨等意思。

"百困身犹在，尪羸（léi）怯（qiè）镜看。"（出自宋·晁说之《正月二十八日避难至海陵》）

"明日景尤新，人间都是春。"[出自宋·韩淲（biāo）《菩萨蛮·野趣观梅》]

这些古诗词里的"尪"字和"尤"字，让我感到非常亲切，同时跟着沾染了一番诗意。

| 我来造字 | 我们这个家族的汉字，主要和腿脚有关。
我喜欢把我朋友揽到我怀里。
因为我是以"尤"字的身份做偏旁，所以大家都叫我"**尤字旁**"。 |

小篆

尪

隶书

我遇到"王"字，
就变成了"尪"字。

尪羸乃瘦弱之躯。尪怯乃怯懦（nuò）之态。尪卒乃残兵败卒。巫尪乃祈（qí）雨女巫。

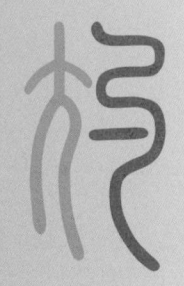

小篆

尥

隶书

遇到"勺"字，
就变成了"尥（liào）"字。

牛、马、驴发脾气，尥蹄子踢人。

小篆

尴

隶书

遇到"监"字,
就变成了"尴"字。

进退两难,处境尴(gān)尬(gà)。"尴"原本是"尲"的异体字,现在以"尴"为正体字。

小篆

尤

隶书

遇到一点,
就变成了"尤"字。

不能怨天尤人,埋怨这个,指责那个。更不能群起效尤,都向坏的学习。